いじめ・不登校ゼロ作戦

いじめ・不登校ゼロ作戦

名物校長からの応援歌

大沼謙一

海鳴社

はじめに

「校長先生はどんなお仕事をしているの」

「校長先生は休み時間、いつもひなたぼっこをしているね」

「校長先生は学校の中をぶらぶらしているね」


子どもは素直な疑問を投げかけてきます。微笑ましくもあり、なかなか鋭いと感じます。

二〇一六年の三月三十一日、私は四十一年間の教員生活を終えました。小学校での担任を十四年、管理職を二十七年やりました。内、校長を十三年間、務めました。われながらちょっとアンバランスな経歴だなと思ってしまいます。

多くの子どもや保護者、教師たちと関わってきました。振り返ってみると、毎日が戦場のような慌ただしさでした。不登校気味の子ども、子育てに悩む保護者、心を痛めて休職する教師など、様々なことと向き合ってきました。

「これだ」と一言で言える解決方法はありません。なぜなら、原因は千差万別・多種多様だからです。このような現場の中で、全国の教師たちは日々努力をしているのです。「教師は聖職」という言葉はいまや死語になっているかに見えます。

しかし、どのような時代・状況であっても、子どもをよくしたいという強い使命感は変わらず生きているのです。なにか不祥事が起きるたびに、教師はバッシングを受けます。しかし、それはとてもまれなことで、多くの教師は額に汗して奮闘しているのです。

私が教員生活を全うできたのは、そうした一人一人の教師の汗と涙と苦労と努力のおかげなのです。

子どもたち、保護者たち、教師たちとの真剣な触れ合いと葛藤を、小学校での現場からお話ししたいと思いました。

それが「教師たちへの応援歌」「保護者の方への応援歌」「子どもたちへの応援歌」になれればと希望します。

目次

はじめに……5
1章　子どもたちとの触れ合い……13
1　うんこにさわれますか　13
2　聴くこと　16
3　ハイタッチ　19
4　内なる勝利　22
5　人生は美しい　26
6　うんこは語る　28
7　ほめること　31
8　叱ること　33
9　肥後守　35

2章　いじめ・不登校ゼロ作戦……38
1　いじめと向き合う　38
2　校門チェック　42
3　定点観測――休み時間の校庭　44
4　不登校の原因　45
5　不登校をなくすには　50
6　「輝く命」という授業　52
7　一人の少女の衝撃　55
3章　教師たちへの応援歌……58
1　疲弊する教師たち　58
2　教師という職業　66
3　教師の心の病　74
4　新人教師に言いたいこと　79
5　「嫌いにさせない」ことが重要　82

6　ごほうびタイム　88
7　便秘・膀胱炎とつきあう　91
8　モンスターペアレントへの対応　93

4章　教師を育てる……101
1　若手の先生への応援歌　101
2　「黒板の字がきたない」　104
3　理想郷は自分で創れ　107
4　学級経営と教室の整頓　109
5　よい教師の条件　112
6　保護者会は参画型　120
7　「富貴在心」の精神　123

5章　保護者にもいろいろあって……125
1　少年に翼を与えなさい　125

2　終わりなき旅　127
3　給食費未納　129
4　怪我での訴え　132
5　父親のＤＶを止められない母親　134
6　足の踏み場もない部屋　136
7　内縁の夫　137
8　仲裁役依頼　139
9　「最後の砦」大炎上　140
10　多国籍対応　142
11　「先生、助けて下さい」　147
12　伝承力　149

6章　特別支援学級と脱北者支援……151

1　夢のようです　151
2　ダウン症　154

3 ショコラボ万歳 156
4 多文化共生教育研究会 159
5 脱北者支援 160

7章 ボランティア活動……164
1 一枚の毛布 164
2 YMCA 169
3 丸木美術館の「原爆の図」 170
4 丸木美術館に六年生を連れていく 172

8章 人は人の中でこそ育つ……176
島国根性同士の会会長 本間久男 178
私の親分 朝倉皓之 181
ギニアの兄弟 オスマン・サンコン 184
OTC監督 君嶋光昭 188

わが人生の師　秋山光洋　191
私の大好きな善さん　櫻井善　194
わが心のふるさと「マミー」　河合マツ・美恵子　197
あとがき……………………………………………201

イラスト：ささき　ゆうこ

1章　子どもたちとの触れ合い

1　うんこにさわれますか

「あっ、うんこの匂いだ」

国語の時間でした。子どもたちは大きな声で音読していました。私は机の間を歩きながら、指導していました。教師になって初めて担任した五年生の教室のなかの出来事です。発生源の子どもは特定できました。

私の頭は「この状況をどのように打開するか」という思いで必死でした。「みんな、突然だけれど、屋上に行ってノートに写生をするように」と言いました。子どもたちは急な指令にとまどいながらも、屋上に向かいました。

私は「○○は残れ。先生の手伝いをしてもらう」と言いました。全員が出ていったことを確かめてから、その生徒を静かに立たせました。お尻の下に敷いていた防災頭巾にまでうんちが染み込んでいました。

すぐにトイレに連れて行きました。「体調が悪かったのに、よく頑張ったな」と言いながら、その子のズボンを脱がせました。パンツも脱がせて、お尻いっぱいに広がったうんこを手でかき集めました。そして、石鹸を使ってお尻を洗いました。パンツとズボンは便器の中で洗いました。

急いで職員室に行き、私のロッカーの中に入っていたジャージを取り出しました。ついでに、匂い消し用のオーデコロンも持ちました。その子は、トイレの個室のドアを閉めて、静かに私を待っていました。「池に落ちたので、ジャージを先生に借りたということにしろ」と言いました。

「このことは俺らだけの生涯の秘密だぞ。その代わり、いつの日かお前が結婚するときは俺に必ず知らせるんだよ」と笑って約束したのです。

その十七年後、彼はその約束を守ってくれたのです。私は、彼の結婚披露宴で主賓の挨拶をしました。

子どもの誇りを守る

私にだれかの役に立つ喜びを教えてくれたのは、紛れもなく彼です。人間に「尊厳」や「誇り」があるように、子どもにも「尊厳」や「誇り」があります。彼の誇りを私は守ったのです。そして、彼が社会人として立派に活動していることを知り、心の底から静かなる喜びが湧いてきました。教師になって本当によかったと思いました。

四十一年前の話ですが、昨日のように鮮明に覚えています。昨日、何を食べたのか忘れてしまう大脳なのに、鮮烈に覚えているということは、それだけ強烈な思い出なのですね。

教師とは、疑いを知らない職業だと思います。教師とは、信じることを大切にする職業だと思います。教師とは、だれかの人生にほんの少し関われる職業だと思います。教師とは、過去も現在も未来もずっと続く職業でしょう。

教師は子どもに何でも教える職業のように思われている方が数多くいらっしゃいます。とりわけ、小学校の教師に対して、そういうイメージを持たれている方がいらっしゃいます。

しかし、本当は子どもに学びながら、子どもに教えられながら歩んでいくのです。いまでも「あなたはうんこがさわれますか」と聞かれたら、笑顔で「はい」と答えます。

多くの子どもたちに学んだ教師生活でした。いまも、感謝でいっぱいです。

教師は学校の宝です、日本の宝です。国を活性化させるには、教師が生き生きと働く職場や環境を整えればいいのです。

これから教師になられる人にぜひ申し上げたいのです。教師とは何でも一〇〇パーセント、子どもに教えなくてはいけない、それだけ完全な人間でなくてはならないと思い込まなくていいのです。肩の力を抜き、人生の先達者として、己れの感性を信じて、子どもと向き合うことです。答えは、子どもが教えてくれます。

2　聴くこと

「聞く」と「聴く」

「聞く」は音程が耳に入る。「聴く」は注意深く耳を傾ける、耳をそばだてて聞きとる。そう国語の辞書に書いてありました。「聴く」には強い意思があります。分かろうという意志が感じられます。

学校には様々な子どもがいます。様々な行動が見られます。問題行動があるのも事実です。そのたびに、教師は子どもに寄り添い、子どもの声に耳を傾けます。

問題行動があったときに、教師がとるべき最も大切な行動は「聴く」ことです。ゆっくりとじっくりと聴いてもらった子どもは、穏やかな表情を見せます。そして、自らの軽率な行動を反省し、自分を見つめ直す機会が得られるのです。

現代は、社会のあらゆるものがスピードアップされています。「忙しい！」「忙しい！」という言葉が飛び交うなかで、まるで心がどこかへ飛んでいくように思えます。

小学校の一年生では、見るもの聞くもの何でも珍しく、興味・関心をもちます。「ねえ、ねえ、教えて！」を連発します。ところが、六年生ともなると、進路や成績や友達関係で悩む時期にさしかかっているのです。そんなときに、じっくりと話を聴いてくれる人がいるでしょうか。

多くの子どもが校長室を訪ねてくれます。

「校長先生、クイズを出します」「タンポポは雨が降ると、どうなりますか」「綿毛をどのように飛ばしますか」「○○さんが意地悪してきます。どうしたらいいですか」

ときには笑いだしそうになりながら、子どもたちの目をじっと見て話に聴き入ります。

心を聴いてくれる人の存在

私が小さいとき、父親は朝早くから漁に出ていました。母親は旅館の仲居として朝から晩まで忙しく働いていました。私に自分の心を聴いてくれる人は周りにいなかったのです。きっと心がすさんでいたのでしょう。いたずらばかりして先生に叱られ、ふてくされる日々が続いていました。

そんなある日の朝、早く学校へ行き、花壇のチューリップに水をあげていたときのことです。

「大沼君は優しい人なんだね。お花に水をあげられる人は優しい人なんだよ」。そう話しかける声に驚いて、思わず後ろを振り返ると、家庭科の森田先生のやさしい目に出会ったのです。私は、一瞬、何が起きたかわかりませんでした。恥ずかしくなり、走り去ったことを覚えています。そして、後で立ち止まって考えて、静かな喜びが心の奥から湧いてくることを実感したのです。

「俺を認めてくれる人がいる！」とうれしくなりました。

後になって森田先生に、漁師の話や、海に潜って天草をとる話、世界地図の話などを私は話しました。詳しくは覚えていませんが、優しい目と静かに話を聴いていただいたという思いが残っています。森田先生は、私に勉強してみようと思わせてくださった大恩人です。

子どもの声に耳を傾ける保護者

これは、私にとって遥か遠い昔の出来事ですが、心の奥にしっかりと残っています。校長室にいる私を訪ねてくれる子どもたちも、きっと同じような感情をもつことでしょう。聴いてくれることは、「理解してくれる」ことと同義なのです。

保護者の方々から「そんな心の余裕はありません」「毎日が慌ただしくて」「校長先生のように暇ではありません」といった弁解の声が聞こえてきそうです。私は、保護者の方々の様々な悩みや相談事にも耳を傾けてきました。そのとき必ず、子どもたちの心の声の話を保護者の方にもして、（子どもの声に）「静かに耳を傾けてあげて下さい、柔らかな表情で話を聴いてあげて下さい」とアドバイスします。

私が担任時代、クラスでアンケートをとりました。「家族に一番望むこと」の第一位は「話を聴いてくれる」だったのです。この世で何が大切かを見抜いています。子どもにいつも教わります。

心の最大の栄養素は、聴いてくれる人の存在です。それが、心を成長させてくれるのです。

3　ハイタッチ

校門での毎朝の風景

うつむいて通り過ぎる子、手の甲を押しつける子、傘で手に触れる子、思い切り叩いて通り過ぎる子、「おはようございます」も言わずにタッチもせず通り過ぎる子、指先だけが触れて行ってしまう子……

これは、校長である私が行っている校門での毎朝の光景です。保護者の方は、ご自分のお子さんが、先に述べたどのタイプに入ると思われるでしょうか。校長先生や週番の先生に元気よく「おはようございます」と声をかけ、手のひらでタッチしていく姿を想像されませんでしたか。実態は少し違うようです。いろんな子がいます。

私は、うつむいて通り過ぎる子にも「おはようございます」も言わない子にも、特に注意するわけではありません。

なぜなら、挨拶はするものであって、されるものだと思っていないからです。挨拶したくなったら、そのうちするものです。

私の経験から、心が解放された子は元気よく挨拶してくると分かっているからです。だから、じっくりとその時を待つのです。そして、担任の教師にもそのように話し、日常の生活のなかで子どもに自信をつけるような、指導を展開するよう指示します。

子どものちょっとした変化にも敏感になりましょう。「お

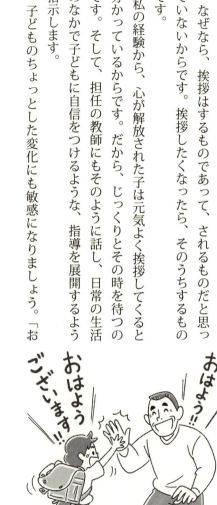

や、いいことしたな」「ほかの子への思いやりを見せたな」と思ったらほめて、自信をつけさせましょう。後ろから背中をポンと押してやりましょう。親や教師から「見られてるな」と思ったら、子どもはうれしくなります。前に進めます。

子どもから届いた手紙

以前に卒業した子どもが、卒業前に次のような手紙をくれました。

「校長先生、雨の日もカッパを着て私たちを待っていてくれてありがとうございました。なかなか、挨拶ができないときもありました。ハイタッチが素直にできないときもありました。でも、暑い日も寒い日も待っていて下さり、うれしかったです。校長先生の声を聞くと、家で嫌なことがあっても頑張ろうと思いました。中学生になっても頑張ります」

校長になってよかったなと思いました。この手紙は私の宝物です。生きている証です。

人間は強制されて動くものではありません。まして、脅されて動くものでもありません。

自分の心が解放されたときに、自由に明るく行動するものだと思います。

心の内を表す笑顔

校門を、溌剌とした声で「おはようございます」と言って、笑顔で通り過ぎる子がいます。

この子は、家庭で認められ、話を聴いてもらい、笑い声が飛び交うなかで育っているのです。よい人生を歩んでいくだろうなと予感させます。

子どもの行動や笑顔は、家庭の姿を反映しています。子どもの心の動揺や迷いや怒りを受け止める存在ではないはずです。子どもは、親の心を受け止めるべき存在が親です。

私は家のなかで、成人した息子ともハイタッチしています。

どうぞ、ご家庭のなかでもハイタッチしてみて下さい。ハイタッチをはやらせて下さい。きっと照れた笑顔が見られるはずです。でも、心のなかでは、親も子も喜びで爆発寸前でしょう。

4　内なる勝利

ニューヨークで出会った評価法

「内なる勝利」、私はこの言葉が好きです。表面に見える、勝った負けたの世界ではなく、自分の心に向き合い「よくやった」と言えたときに味わう、勝利を祝う言葉だと思うからです。

スポーツの世界でも学校や企業社会でも、とかく結果だけで人を評価する傾向があります。

しかし、本当の評価は「自己評価」だと思うのです。

私は若いときにニューヨークで三年間を過ごしました。ニューヨーク補習授業校の分校の校長をしました。また、現地の学校も訪問しました。そのなかで、最も印象に残った出来事は、通知表の評価欄に「effort」という項目があったことです。日本語で言うと「努力」という意味でしょう。優秀な子で高い評価を受けた子でも、「effort」の項目が低いと注意されるのです。逆に、低い評価の子でも「effort」が高ければ、ほめられるのです。私は、この評価システムに深い感銘を受けたのです。人生で一番大切なことは、努力し続けることだと思うからです。

息子たちの姿に贈った私の一言

私の息子は二人とも高校時代、野球をしていました。三年間レギュラーを目指していました。しかし、残念ながらレギュラーにはなれませんでした。毎日毎日、ブルペンで控え投手のボールを受ける控えキャッチャーだったのです。

そんな息子たちの姿を見ていた私は、息子たちに、レギュラーにはなれなかったものの、「effort」の最高点をつけてあげたのです。

「お父さんならふて腐れたり、すねたりしてあきらめただろう。しかし、努力し続けた姿勢が素晴らしい。その努力に親として人生の先輩として敬意を表するよ」と言ったのです。

息子たちの反応は、少し恥ずかしげでしたが、誇らしそうにしていました。

子どもの努力に共感する家庭

保護者の方々のご意見はいかがでしょうか。学校生活のなかで子どもは必死で努力していい ます。習字の時間に、真剣で一心不乱に書いている子を多く見かけます。鼻を墨で黒くしながら。しかし、その出来映えが今ひとつのこともあります。

休み時間に、鉄棒にぶら下がって「逆上がり」の練習をしている子もいます。顔を真っ赤にして挑戦しているのです。何回も何回も練習しても、うまくいかない経験はだれもが「通る道」です。

大切なことは、努力をし続けることです。結果を見て、「お前の習字、字がきたないね」と言ってあげないで下さい。努力することをほめてあげて下さい。成績がよい子には、さらに努力することの喜びを教えてあげて下さい。

お父さんやお母さん方も、自分の子どものころ、鉄棒の「逆上がり」がようやくできるようになった瞬間の喜びが、しばらく忘れられなかったときのことを思い起こして下さい。努力する人の汗と涙は決して無駄なことではなく、次につながるものです。そうした努力の姿勢を見逃さないで、大事に次に伸ばしてほしいものです。

最初から天才はいないのです（おそらく、そうです。努力がなければ、天才イチローはなかったでしょう。いまも努力し続けるイチローの姿があります）。

あるとき、急に成長したわが子を見る喜び、あんなに鈍足だったあの子がいま運動会の全力走でトップのテープを切っているではありませんか。子どもによって、成長は様々で多様性があります。運動神経も心の成長も、子どもによっていろいろです。兄弟姉妹であっても、違います。「お兄ちゃんは…」「お姉ちゃんは…」とかを、子どもに言うのは「禁句」です。

子どもは自分を見てほしいのであって、そう、成長している自分を見てほしいのであって、人やお兄ちゃん・お姉ちゃんとくらべてほしいと思っていません。兄弟姉妹でも成長の仕方はまるで違います。また、クラスの友達とくらべられるのも望んでいません。「○○ちゃんは、優秀でいい子ね……」といった話は聞きたくありません。

長い冬の寒さを耐えて花開く桜の花のように、子どもたちは静かに力を蓄えているのです。どうぞ、ご家庭でも「effort」を讃える姿勢を見せ、子どもと喜びを共感してほしいものです。長い地中生活から羽を出して飛ぶセミのように、「effort」がどのような果実を生み出すのか、見守ってやって下さい。

5　人生は美しい

反抗的な態度の裏にあるもの

歯を食いしばり組み体操の下で頑張る子、音読をていねいに読み上げる賢い子、理科の実験でフラスコを真剣に見つめる子、周りの声が全く届かずに読書に夢中になる子、一心不乱に絵の具を使って描いていく子、ピアニカで必死に演奏する子……そんな子どもたちを見ていると、かわいくてたまらない気持ちにとらわれます。

しかし、子どもはかわいさとは対極の行動をとることもあります。

ふてくされる、言い返す、注意された行動を繰り返す、反抗的な態度を示す、乱暴な言葉をわざと言う……でも、子どもたちのそうした姿もまた、見方を変えれば楽しいのです。

なぜなら、反抗的な態度や問題行動を起こす子どもは、一様に「寂しがり屋」なのです。ゆっくり話を聞いてくれる人がいないのです。心の奥底にある悩みや苦しみを理解してくれる人がいないのです。

一方的に周りから「敵意ある態度」で見られているので、自分のことを分かってもらえる人はいないと思っています。あるいは、実は周りにやさしい視線で見ている人がサインを送っているにもかかわらず、子どもたちにはそれが見えないのです。

現代の世の中で一番足りないものは、じっくり話し合う時間ではないでしょうか。子どもは無言で大人に訴えてくれています。

子どもは成長する

子どもはだれもが成長していきます。小学生の低学年から高学年にかけて、大きく変わっていきます。不安や悩みを抱えながらも成長していきます。子どもの描く絵ひとつとっても、かけっこをとってもそうです。低学年のころ、運動会の全力走でビリを走っていたあの子が高学年になって、「おお！　あの子があんなに速く走れるようになったか」、なんと全力走で一番となり、クラス代表のリレーの選手に選ばれています。反抗的な態度をとっていたあの子が、運動会の騎馬戦でチームのリーダー的役割を演ずるようになっています。

大きな成長です。これには、周りの影響も大きいでしょう。子どもの成長を信じ、じっくり見守ってやる気持ちも大事なのです。

人生はつくづく美しいと思います。

6　うんこは語る

うんこの「芸術作品」

「大沼先生、すぐに来て下さい」。その先生の後を慌ててついていきました。たどり着いたところはトイレでした。

トイレの壁に五本の指で「バカ」と書いてありました。書いてあった線が鉛筆やマジックなら、それほど驚かなかったでしょう。線は、どう見てもうんこです。これには、たまげました。うんこをつかんで書いてあるのです。

「芸術作品ですね」って私が笑っていたら、「笑っている場合ではありません。生活指導主任のあなたが消して下さい」とその先生に言われてしまいました。まさに、「運の尽き」だな、と思ってしまいました。

心の代弁者

私が教頭のとき、男子が小便をする便器のなかにうんこがしてあるのを先生に案内されて見せてもらいました。まさに、見事な芸術作品だと思いました。あのような狭いところにお尻がよく入るものだと感心していたところ、「教頭先生、後始末をよろしくお願いします」の一言で、掃除をする役目を仰せつかったのです。

「トホホ、うんことよっぽど縁があるな」と独り言をつぶやきながら掃除して、いったいだれがどんな理由でやったのか、興味が湧いてきました。その執念が実ったのか、「犯人」が特定できました。

その当該の子どもを前にして「何でこんなことをするのか」と怒鳴って聞いてみたい気分でしたが、ぐっとこらえました。そこでふと、以前に深層心理学が専門の学者が言った言葉を思い起こしたからです。その先生いわく

「大沼先生、うんこは愛情不足の表現方法なのですよ。赤ちゃんのときにおむつを替えるとき、軟らかいうんこや固いうんこで一喜一憂する親の姿を赤ちゃんは知っているのです。だから、愛情不足が続くと自然とそのような行為になるのです」

分かってみると、「目から鱗《うろこ》」とはこのことでしょう。その男の子は両親とも高学歴の方で、担任の報告では、彼は小さい頃から「将来は有名大学に入れ」と言われ続けてきたそうです。毎日の塾通いで、学校でも疲れ切っていたそうです。授業中に居眠りすることもしょっちゅうとのことです。

私は、学校全体で彼を支えようと「職員会議」で話しました。

○　よいところを探してほめること
○　挨拶をはじめ積極的に声をかけること
○　休み時間にはクラス全員で遊ぶこと
○　勉強以外でも頑張っていることを保護者に伝えること
○　塾を軽減するように保護者に働きかけること
○　子どもの声に耳を傾けて欲しいと依頼すること

やがて、彼は復活しました。笑顔が増えました。そして、うんこは消滅しました。「連絡帳」には、保護者から子どもが生き生きと学校のことを話してくれるようになったと書いてあったそうです。

人間はどのような学歴でもよいのです。他人に迷惑をかけず、働きがいのある人生を送ってくれればいいのです。

うんこは多くのことを語ってくれました。まさに、子どもの心の代弁者です。

7　ほめること

孤立していた少年

「校長先生、すぐに来てください」六年生の女子が校長室に飛び込んできました。

教室に行くと、一人の男子が暴れていました。女性教師は、すねを蹴られていました。教室の外にその男子を連れ出し、校長室で話を聞きます。

「A君が馬鹿にしたから突き倒した」「先生は僕だけを責めるから蹴った」「ちゃんとやろうと思っていたのに言われたからむかついた」「みんなが僕だけをいじめるから騒いだ」とイライラしながらも、夢中になって話してくれます。

「困ったら、いつでも校長室においで」といった話をして、しばらくしてから教室に帰しました。

その男子は家庭のなかでも孤立していました。食事もまともに食べていませんでした。

学校全体で注目して、その男子をほめていこうと教職員に伝えました。「ほめ・ほめ大作戦」の始まりです。

人間を不安にさせるのは、孤独感です。逆に、人間を安心させるのは、信頼感と連帯感です。

「ヒューマン・チェーン」をご存じでしょうか。二人の人間がいるとしましょう。互いに右手首同士・左手首同士を握り合うのです。万が一、どちらかが力尽きて離しても、片方の人間が離さない限りつなぎあっているのです。

男の子に「何も心配するな、学校は君の味方だよ」と伝えます（大切なことは、「乱暴するな」「きたない言葉を使うな」と注意することではないのです）。まず、最初に、心の奥にある真心に信頼感と連帯感を与えることです。

その後の少年

風の便りに、その子が高校生になってある犯罪を犯したことを知りました。教育にも学校にも限界があります。しかし、信頼し続けるのが教育であり学校なのです。あきらめないのです。信じ続けるのです。

「家のことに口を出さないで下さい」と保護者に強く言われても、口を出すのです。

あの男子が社会のなかで立ち直るのは、そう甘くないのかもしれません。しかし、私は信じ続けます。「校長室で君に話したように、今でも君はよい人間だと信じているよ」と伝え続けます。荒れた子に罪はないのです。わが子を叩き、罵倒した親にこそ責任があるのです。今では、風の便りも聞かれなくなった荒れた子に是非、会いたいものです。そして、心の奥にある真心と話し合ってみたいです。
真心とは「自分をよくしたい心」と思っています。

8　叱ること

「鉄は熱いうちに打て」

あなたを叱ってくれる人はいますか。私を叱ってくれる人は年々少なくなってきます。十代、二十代の頃に叱られた意味が、今になって分かるときがあります。

叱るには勇気も根気もエネルギーも必要です。「糠《ぬか》に釘」とか「のれんに腕押し」のように、何を言っても役に立たない人がいます。これはエネルギーの無駄づかいです。叱る対象もよくよく考えないといけません。また、強く叱りすぎて精神的にダメージを与えてしまっても困りものです。

では、家庭のなかではどうでしょうか。私は、叱る時期があるように思います。中学生・高校生・大学生・社会人になって叱られても、なかなか直らないものです。人格や考え方、習慣が確立してしまっているからです。もし叱っても、反発が生まれることのほうが多いでしょう。

「鉄は熱いうちに打て」の格言のように、小学校低学年までがよい時期だと思います。礼儀作法、マナーなど人としての品性・品格に結びつくものは、この時期に鍛えるのです。叱ることも当然なのです。

一番大切なことは、なぜ叱られるのか、なぜ直さなければいけないのかを、相手に十分に分からせることです。

この逆な例を相談されたことがあります。幼いときから自由奔放に育てていたけれど、急に方向転換して子どもに厳しくなった。反発が始まり、家庭内暴力にまで発展してしまった。母親はとまどい、父親はますます激怒して、混乱した家庭状況が生まれました。

叱る理由

私は、職員や子どもを叱ることがあります。

叱る理由

○　卑怯な行動をとったとき
○　弱者をいたわらなかったとき
○　粘り強い行動がとれなかったとき
○　他人を見下した行動をとったとき

○　自分の命を輝かせなかったとき

だれかを叱るということは、自分の生き方を見直すことにつながります。叱った後で、必ず心の声が聞こえてきます。「お前はきちんとしているだろうな」

あるところに「三つほめ　二つ叱って　人は伸び」と書かれた額縁がありました。「四つ叱って　一つほめ　子どもは萎縮」が世に多いこと、これが私の感想です。

感情に流されて、叱るが、怒るや怒鳴るにならないよう、気をつけたいものです。叱るときに、本当は君のことをとても大事と思っているんだ、だからこそ、心を鬼にして叱るんだ、だから心の奥底では悲しいんだよということが、相手に伝わらなければいけません。それほど、「上手に叱る」ということは難しいことです。

9　肥後守

父に買ってもらった小刀

「肥後守」という文字を見ただけで、「ひごのかみ」と読める人は私と同世代の人でしょう。折りたたみ式のナイフ、小刀です。

小学生になったときに、父親から買ってもらいました。そのときの喜びはいまも鮮明に残っています。まるで「武士が帯刀を許されたとき」のようにうれしかったに違いないです。眠るときも枕のそばに置いていました。学校に行くときも持っていきました。鉛筆を削るのも、竹とんぼを作るときも、縄を切るときも使っていました。

一年生のころは力の入れ加減が分からずに、指を切ってしまうことが多かったです。切り傷だらけでした。使った後は砥石で研いでいました。小学校高学年になると、やや大きめの肥後守を買いました。小学校一年生から中学三年生まで、ずっと使っていました。

刃物を使わない子ども

しかし、いつの間にやら、「刃物を学校へ持ってきてはいけない」という風潮が生まれました。大切な指を切ってはいけないということで、親も持たせなくなったわけです。持たせなければ、怪我もしないし安全ということで一件落着となったわけです。

私は、自分で使いながら上手になっていく喜びを味わいました。刃物は自分の指さえ切ってしまうのだから、人に向けてはいけないことも学びました。まして、他人に刃物を向けて傷つけることなどもってのほかだと学びました。

小さな不注意でできた小さな傷の数々から多くの大切なことを学んだのです。

家庭科の調理実習を参観すると、包丁を使い切れていない子を多く見かけます。家庭で包丁を使っていない証拠です。

私は小さな怪我を恐れていると、大きな怪我につながると思っています。自分自身の体験から感じ取った考えです。だから、自分の二人の子どもに、アーミーナイフを買ってあげました。今でも大切に使っているようです。肥後守は本当に小さなナイフですが、私の人生に大きなことを教えていてくれたように思います。

新聞紙上やニュースを見るたびに悲しくなることがあります。それは、ナイフで人を傷つけたり殺人にまで発展する出来事があまりにも多いからです。

自分の命を大切にする人は、他の人の命も大切にするものです。痛みを知らない人が、平気で犯罪を犯すものだと思います。

家庭のなかでも野外でも、ナイフをはじめとする道具の使い方に慣れてほしいものです。その結果、他の人を思いやったり、命について深く考えたりすることにつながると信じています。

願わくば、子どもたちが小さな怪我を恐れずに、のびのびと活動することを願っています。

保護者の皆さんも、肥後守を手にして工作をしたり、鉛筆を削ったりしてみて下さい。きっと子どもから「すごい！　私にもやらせて！」の声が上がるでしょう。

2章　いじめ・不登校ゼロ作戦

1　いじめと向き合う

子どものいじめと自殺、悲しむ両親

「いじめをゼロにする」、これは私が校長として常に考えていることです。重要課題としていることです。私自身、いじめられた経験があります。

そして、私がよく知っている家族のなかで、「いじめ」を苦にして飛び降り自殺をした女子中学生がいて、その家族の悲しみをよく知っているからです。私は、その亡くなった中学生の姉と弟を担任しました。三人の姉弟は明るくて、とても仲が良かったです。両親ともに教育熱心で、家族の仲もよく、私もこの保護者と笑いあって話をしたものです。

だからこそ、保護者の悲しみはあまりに大きくて、声をかけることさえ、辛かったです。

少し落ち着いたころに、お焼香しに家庭訪問をしました。すると「あの子は大沼先生が担任していたら、自殺なんかしなかったでしょう」と目の前で号泣されました。ただただ話を伺うだけで、何も言えませんでした。

子どもの自殺はいけません、親はその瞬間、時間が止まり、前へ一歩も進めなくなります。

「何がいけなかったのか」

「どうしてあのとき気づいてあげられなかったのか」

「何か信号が出ていたのではなかったか」

「それを親として見過ごしてしまったのでは」

「それでも、自殺をどうにか止める方法はなかったのか」

親としての取り返しのつかない悲しみの底は奥深く、いくら考えても堂々めぐり、なかなかその穴から抜け出せないのです。

子どもとして「自殺」は最大の親不孝、なんとかそれを防ぐことができないか、私は真剣に考えました。以下は考えた末に編み出した方法です。

私のいじめ体験

「いじめは卑怯」とだれもが言います。しかし、それだけでは「いじめ」の解消には結びつきません。ある人が「いじめられる人にも問題があるのでは」とコメントしていました。私に言わせれば、言語道断です。

私も教員になった頃、職場でいじめられました。非常に陰湿で狡猾で厳しいものでした。普通の人なら心も折れてしまうでしょう。ノイローゼに陥ってしまうでしょう。

でも、私は大丈夫でした。いじめる側の人間をじっくりと観察しました。そして、知恵を使い、反撃に転じたのです。勢いだけで徒党を組み、いじめていた側は腰砕けになりました。当時、私の心を支配していたのは「卑怯者になるな」でした。

私が育った伊豆大島の村では、「弱い者いじめ」は決して許されることではなく、厳しく叱られる風土がありました。お年寄りを敬う習慣も根強くありました。その意味では、「いじめ」を防ぐ、「いじめ」をやめさせる土壌があったと言えるかもしれません。

いじめを起こさせない方法

私が考える、学校で「いじめ」を起こさせない方法を述べます。

○　一人一人のよさを見つけ、声をかけること

○　学習がおもしろいと感じさせる授業を行うこと

○　教師が明朗快活であること

○毎日さりげなく子どもの行動を観察すること
○保護者と絶えず連絡をとること
○変化を見過ごさずにすぐに話を聞くこと
○教師集団の仲がよいこと
○学校全体の子どもをわがクラスの子と思える教師集団であること
○用務主事さんからの情報を大切にすること
○学校全体で「いじめ」を絶対に許さない風土をつくること

まだまだ、たくさんあります。

私の経験から、だれかに認められた子どもは「いじめ」をしないものです。自分のよさに気づいた子どももいじめをしないものです。

「いじめ」の要因

学校には様々な子どもがいます。子どもの後ろには様々な保護者がいます。様々な保護者の後ろには、様々な祖父母の方々がいます。様々な祖父母の後ろには、様々な先祖がいらっしゃいます。

「いじめ」の要因は何ですかと聞かれて、明快に答えられる人はいないでしょう。もしかしたら、いじめている本人も原因が分からないかもしれないのです。たった一つの要因ではなく、複雑に絡み合い、深層化している場合が多いのです。本人の家庭環境と成育歴、それに学校での出来事や人間関係などが関わってきます。

そうした原因の根っこを探るよりは、問題が起きる前に防ぐことを考えます。私は、職員たちに水際作戦を教えます。学校にとっての水際は校門です。私たちの実践を紹介しましょう。

2　校門チェック

朝食を食べてきたか

元気よく挨拶して、子どもが通り過ぎていきます。一見明るくて学校らしい光景と思う方もいらっしゃるでしょう。私は、朝七時五十五分から八時二十分まで校門に立ちます。私の頭は鋭く回転しています。雨が降ろうが槍が降ろうが、立ち続けます。毎日の日課なのです。二日酔いのときは、たまに逃げ出したくなりますが、大切な水際作戦なので、立ちます。私は「五パーセント説」を職員に話します。様々な学校でしっかり見守る児童の数です。だいたいの数字で、経験上のものなので、強い根拠があるわけではありません。六百人の児童数の学校では、三十人になります。その三十人の名前は頭にインプットされています。

○挨拶の声は大きいか
○表情は暗くないか
○服装は清潔か
○靴はきちんと履いているか
○ハイタッチを元気にやっているか
○顔に殴られた痕跡はないか
○女の子なら髪は整えられているか
○朝食を食べてきたか（これは本人に小さな声で聞きます）

家庭環境が複雑な子は朝食を抜いている場合があります。朝食を抜いていると、集中力も落ちます。集中力が落ちると学力も落ちます。ミスも多くなり、授業中に叱られることも多くなります。クラスの仲間が馬鹿にし始め、それが「いじめ」の要因になることもあります。

そのために、校長室にクッキーを用意しておくのです。子どもは本当においしそう食べます。そして、元気になった顔を確認して、教室に向かわせるのです。

3　定点観測――休み時間の校庭

得た情報は間髪入れずに

校門のほかに、定点観測をする場所があります。休み時間の校庭の朝礼台です。そこでのんびりとした時間を過ごしていると、子どもが必ず寄ってきます。担任のことで訴えてくる子、困っていることを話しにくる子、世間話をする子、「なわ跳びを見て」とせがむ子……

朝礼台が談話室になるのです。

「校長先生、前の校長先生は俺に近づくなというオーラが出ていました。いつもスーツを着ていたので一緒に遊ぼうという気分にはなれませんでした。大沼先生は、いつもジャージだから気楽な感じがします」

子どもは鋭いと思いました。ジャージは私の仕事着です、学校公開の日でもジャージ姿です。

校庭に、「休み時間がもうすぐ終わります」を合図する音楽が流れ始めました。そのとき、一段と気合を入れて、校庭全体を眺めるのです。

ポツンとしている子はいないか。ボールの片づけを押し付けられている子はいないか。仲間とトラブルになっている子はいないか。怪我をしている子はいないか。

そんなことは週番の先生がやればいいと考える人もいるでしょう。しかし、担任は授業の準備で忙しいのです。一番暇な人間は校長です。毎日、のんびりと定点観測するのも楽しいものです。そこで得た情報は間髪入れずに、職員に伝えます。スピード第一です。

4　不登校の原因

不登校の原因はいろいろあって、これと特定するのはなかなか難しいのです。私なりに、まずは分類して、それからひとつひとつ見ていきましょう。

○　友人関係のトラブル
○　授業・学力
○　教師との関係
○　家庭環境

友人関係のトラブル

友人関係がもつれて、「いじめ」に発展するケースがあります。表面は仲直りしたいと思っていても、心の内では回復していないことが多いのです。高学年になればなるほど、陰湿化するケースが見られました。スマホが原因となり友人間のトラブルに発展することもあるようです。

他校でいじめにあった子どもを受け入れたこともあります。一度混乱した人間関係の修復・回復は難しいものです。都会の学校では、転校したら縁が切れますが、田舎の学校ではそうはいきません。徹底して話し合い仲直りさせるか、親同士を仲良くさせるか、様々な方策を用いないとうまくいかないのです。

授業・学力

学校で一番多い時間は授業です。勉強についていけない子にとって授業の時間は地獄になります。視線がうつむきがちになります。復習も予習もしたくない気分になります。勉強が分からないことは悪いことではないという考えを、クラスに徹底させることが大切です。

水泳ひとつをとっても平泳ぎが好きな子、クロールが得意な子、得意・不得意、上手なことや苦手なことがあることは当然です。授業も同じです。

私は担任時代、分からないことは確実に分からせることを徹底させました。絶対においてけぼりにしないことです。勉強のできる子や保護者にもお願いして、ともかく復習させました。

教師との関係

教師の高圧的な態度は子どもに恐怖心を与えます。授業が分からなければ手を上げて質問するという当然のことができない、軽いジョークを言っても笑うことさえも許さない、教室が暗い雰囲気に支配されてしまうのです。教師と生徒の間に高い壁ができ、教師が王様、いわゆる「学級王国」になってしまいがちです。小学生においてはとかく教師は絶対的な存在です。教師が子どもから浮いた存在となっていないか、注意が必要です。

こうしたことを防ぐには、学年の担任どうしの連携、管理職の日常的な授業観察が必要となります。最初はとまどいを見せる教師も、日常的になると落ち着いてきます。周りから担任に忠告したりするだけで、よくなることもあります。肩の力を抜き、子どもの目線となり、ひとりひとりの子どもの個性を尊重する、これが教師としてとても重要です。子どもはとても多様性があり、個人差があります。子どもの個人差に対し、教師はそれを好き・嫌いで接するのではなく、「多様性こそがとても大切」とみる態度です。

周りから見ていじめにあうような子どもには「校長先生や学校の先生みんながあなたの味方です」と話して、勇気づけながら安心させ、みんなで後押しします。

高圧的な教師は、授業力に自信がないことが多いです。教師にも寄り添いながら、支援することが重要なのです。

家庭環境

親離れ・子離れができていない家庭をいくつか見てきました。後でもたくさんの例を示しますが、まずは次の例から。

ある学校の副校長をしていたときです。運動が苦手な六年生の男子がいました。連合運動会が近づいたある日、急に不登校になりました。

私が家庭訪問しました。夫婦仲はよくないということです。眠るときは、男の子と母親が同じベッドで寝ていました。「お風呂も一緒に入り、体を洗ってあげています」と仲のよさを強調、自慢げに語る母親。男の子が着る服も、母親が選んで着せているようです。

私は母親に「あまりよい環境ではないですよ。一般的な六年生男子の日常を話します」と言って、次のような説明をしました。

○　風呂は一人で入るものです

○　服は自分で選ぶものです
○　眠るときは一人で眠るものです
○　自分の息子を呼ぶとき「ちゃん」づけで呼ばないものです

母親自身も一人っ子でした。両親から溺愛されて育ったそうです。現在、友人と呼べる人もいないので、だれかに話したり相談したりすることもないようです。夫は暴力的で離婚したいが、家のローンや子育ての費用が必要なので、別れられないと涙ながらに話していました。

私は、毎朝、家までその六年生を迎えにいきました。民生児童委員にも話をし、家庭訪問をして下さるようにお願いしました。私が迎えにいくようになると、母親は「お願いします」と言ってそそくさと仕事に行ってしまうようになりました。以前の態度とくらべてあまりの変わりように驚きます（笑）。

男の子が一人で登校するようになったのはそれから一か月を過ぎたあたりからでした。卒業までの五か月間は、手は放しても目は離さずに見守り続けました。彼は無事に卒業していきました。

5　不登校をなくすには

教師になった人で小さいときに不登校だったという人を私は知りません。学校で認められ、ほめられ、よい思い出をたくさんつくった人が教師になっているのです。

一般に保護者の方も、不登校になる心情が全く理解できないのです。「なぜ学校へ行きたくないのか、行けないのか」、その心情がつかめないのです。不登校の保護者に私は会ってきましたが、全員、不登校経験がありません。

一つの事例をお話しします。

「お父さんだって仕事に行くだろう。お前の仕事は学校で勉強することだよ」と最初は静かに息子に話していた父親も、やがて我慢しきれずに部屋から引きずりだそうとします。子どもは泣きじゃくり、さらに頑なになります。父親は降参し、途方に暮れていました。

私は不登校気味の子に会うと、「大丈夫か」と言いながら肩を軽くたたいたり、首筋に手を当てます。心が意固地になっていたり、緊張で固まっている子どもは実際、筋肉が固まっているのです。そんなときはゆっくり話しながら、「慌てなくていいよ。不登校の子は君だけではないんだよ。だれでも行きたくないときがあるよ。悪いことではないんだよ」と話しかけます。

　少しずつ心が溶けていくのを待つのです。受容・共感・支援の心をもって接するのです。イソップ童話の『北風と太陽』を思い出して下さい。力づくの北風では、人の心は解放できないのです。太陽の暖かさが必要です。

　受容とは、相手の事情や心情を受け止めることです。共感とは、相手の苦しい気持ちを分かってあげ、そうした姿勢を見せることです。支援とは、相手を孤立させないことです。相手に手を伸ばし、いつでも声をかけることです。「周りとつながっている」というメッセージを投げ続けることです。

　私は子どもの不登校で行き詰ったときに、何度かその子の家に電話します。「不登校をネガティブにとらえるのではなく、ちょっと一休みと考えてもいいでしょう。大切なことは、子どもの心に寄り添いながら答えを探り出すことです。人生に失敗はつきものです。日々、学びながら歩むことが大切なのです」といった話をします。

　みなさんは東京にある「東京シューレ」という学校を知っていますか。一九八五年に設立されたフリースクールです。不登校になったわが子を抱え、悩んだ親たちが立ち上げた学校なのです。最初は異端視されていましたが、「東京シューレ」の出席が在籍校の出席日数に認められるようになったのです。画期的なことだと思います。

6 「輝く命」という授業

学校にマジックはありません。手品師のように、種も仕掛けもあって一瞬でハトを出したり、トランプを移動させたりできないのです。そこで、いろいろ工夫した授業を試してみました。その授業中に「いじめ・不登校」といった言葉は使いません。授業は道徳の時間で行い、単元名は「輝く命」と命名しました。それを紹介します。クラスあるいは、学年全体でやります。

事前の準備として、参加する子どもたちに一歳から三歳くらいまでの写真を一枚、学校に持ってくるよう言っておきます。写真を、プロジェクターを使いスクリーンに投影します。「この写真はだれでしょう?」と問いかけます。もちろん、本人にはしばらく知らんぷりをさせます。写真がだれか、分かったところで、本人にいろんな質問をぶつけます。見ている子どもからも質問させるといいです。

「生年月日は?」「どこの病院で生まれたの?」「その日の天気は?」「生まれたとき、だれが駆けつけてきたのか?」「だれが、喜んでくれたか?」「そのとき、どんな話がされたの?」「幼いときの記憶で、一番楽しい思い出は何?」「それはどこへ行ったとき?」「そのときだれが一緒にいたの？」……

グループで写真を見せ合うのです。笑顔と歓声が教室一杯になります。自分が生まれたときに多くの人が祝福してくれたことを、親から聞いてきたのです。ひとつの命の誕生が、いかに周りから祝福されたものであるのかという事実を再確認させるのです。本人にとっても周りにとっても。ひとつひとつの命がいかに尊いものか、かけがえのないものであるのか、写真とエピソードで実感させるのです。

幼いころの記憶に残っている、楽しかった思い出を聞きます。一人一人の夢を自分の言葉で語らせるのです。人間は自分自身で気づいたことは、胸に深く刻まれるのです。

「輝く命」の授業の後半は自由に話させます。子どもの目が次第に輝いてきます。地球上で唯一の命、それが自分であり、「あの子」であることを理解し始めるのです。そうです、私たちが子どもたちに教えたかったことは、命の大切さです。ひとつひとつの命に対する思いやりです。そのことは、いじめの深い所にある芽を摘んでいくことでしょう。命を粗末にしてはいけないからです。

ある朝礼での話

新聞に、就職活動に失敗して、若者の自殺が増えているという記事が載りました。まさに、絶望して死を選ぶという状況です。自殺を選択した若者たち全員、私のいる学校に呼びたくなりました。朝礼で子どもたちにこのように話しかけます。

「(自殺を選んだ若者たちよ)、一日、本校の子どもたちを見ていなさい」

「休み時間に走り回っている子どもたちは、将来、自分が自殺をすると思っていますか」

「具合が悪くなったあなた方を夜中看病してくれた親は、あなたが自殺すると思っていますか」

「有名な企業に就職しない人は敗者ですか」

「周りの評価や期待より大切なのは、自己を肯定する気持ちではないですか」

私は様々な仕事を小さいときからしてきました。エリートや裕福という言葉からは、かけ離れた生活をしてきました。学生のときも必死にアルバイトして学費を稼ぎました。服も持っていなくて、友人からもらっていました。恥ずかしいなんて言う心は全くありませんでした。

荒れた海に出ている父親、旅館の仲居として頑張っている母親に負けないように働いたのです。怠けたり遊んだり、絶望したら申し訳ないという一心だったからです。自殺という文字は、頭のなかに存在しませんでした。

「本校の子どもたちが、将来、自殺などしたら悲劇です。生きる喜び、働く喜びを味わい、希望に満ちた人生を歩むことを願っています」。そのためには、親自身が生きる喜びを示すことが大切になります。幼児のときの写真を見せたりして、「あなたが生まれたときの喜びを伝える」ことが重要になります。失敗や挫折はだれにでも訪れます。それを乗り越える力は親からの一言です。

「人生を悠々と歩みなさい。あなたはかけがえのない存在です。一生懸命生きてくれればそれでいいよ。親より先に死んではいけない」。この言葉は、必ず子どもの心に伝わっていきます。

7　一人の少女の衝撃

車椅子の少女の転校

平成二十年の学校公開のとき、一人の少女が車椅子で来校していました。私は「こんにちは、この学校を気に入りましたか?」と声をかけました。「はい」とはにかみながら返事が返ってきました。お父さんとお母さんもうなずいていらっしゃいました。

「ではどうぞ、入学して下さい」と言ったら、驚いていました。校長室に案内しました。父親が話し始めます。「この子は体に障害があります。知的にもあるかもしれません。排泄もうまくいきません。様々な学校に行きましたが、すべて断られました」と辛そうに言いました。「お子さん用のトイレは作ります。教育委員会に予算がなかったら、私が作ります。私は大学を卒業してから二年間、内装屋の仕事をしていました。お手のものです。気に入った便器や踏み台など遠慮しないで言って下さい」と言いました。少女は顔を傾けながら喜んでいました。お父さんの目からは涙が溢れていました。お母さんは白いハンカチを出し嗚咽していました。私は「校長になってよかった。少しでも人の役に立ててよかった」と思ったのです。

そして入学式。ご両親の許可を得て、少女の入学のことを式辞で話したのです。「みんなで助け合うようにしよう。車椅子のことをみんなで一緒に勉強しよう」と。

大切なことはだれかの役に立つことです。困っている人に手を差し伸べることです。そのことで、一人一人が成長できます。

六月に運動会がありました。少女は五十メートル走に出場します。一人で車椅子を回します。最下位でしたが、校庭には拍手が鳴りやみませんでした。子どもたちも保護者も、そして私たち職員も拍手していました。少女の頑張る姿が子どもの心、大人の心に響いたのです。私はあの光景を生涯忘れないでしょう。

夏、水泳指導が始まりました。下半身が不自由している少女に素晴らしい水着を紹介しました。私の友人が作っている浮き浮き水着、「フットマーク」という会社のものです。磯部成文会長が社会の弱者の役に立ちたいという理念でつくった会社です。両親にもプールで泳ぐ姿を見ていただきました。

少女のただ純粋に頑張る姿は、学校の「いじめの根っこ」を除外してくれる作用を果たしたようです。「いじめって、楽しいですか」を問いかけてくれたように思います。障害を持ちながらも必死に生きる姿は、全児童の心に衝撃を与えたようです。

必死で車椅子の車輪を回す姿、動かない足を揺らしながら泳ぐ姿……これは生半可な気持ちでは、対処できません。校長である私の「いじめはいけません」の千回の言葉より心に届きます。

自分の命を大切にする人は他の人の命も大切にするものです。
好きな人と手をつないだ感動は忘れません。
つなぐという言葉は一人ではないと教えてくれます。
つなぐという言葉は感謝することの大切さを教えてくれています。
つなぐという言葉は友達が支えてくれていることを教えてくれています。

3章　教師たちへの応援歌

1　疲弊する教師たち

新卒で辞めていく教師も

私は、教員採用試験の試験官をしたことがあります。

「なぜあなたは教員を希望するのですか?」

「小学校のときに素晴らしい教師に出会って、私も子どもたちに夢を与える仕事に就きたかったからです」

多くの答えが、このようなものでした。

東京都の教員採用試験には、全国から優秀な人材が殺到します。全国的には少子化の傾向が止まらないですが、その中にあって東京都は団塊の世代の教師が退職して需要が増していたのです。それでは採用試験に合格した人には、明るい未来が待っているのでしょうか？私は、十三年間、小学校の校長職を務めました。その中で、三名の新規採用教員が辞めていきました。あくまでも、本人の意思でした。夢と現実のはざまの中で、迷いながら決したのでしょう。残念ではありますが、仕方がないと思いました。

教師という仕事は、使命感と情熱と行動力が伴わないと続けられないものです。私は、「情熱なき者」は去るべきだと思っています。「退職願」を持ってきた教師を、引き留めることはしませんでした。

文部科学省の統計では、新卒者で辞める教師は増加しているとのことでした（平成二十五年度学校教員統計）。では、若手・中堅・ベテランの教師たちはどうでしょうか。多くの教師が疲弊しています。

私が教員になったのは、昭和五十年のことです。当時、土曜日も勤務日でした（半日勤務）。土曜日の午後は、先輩教師と昼飯を食べながら、いろいろな話を聞きました。テストの採点づけなどもしました。子どもたちともよく遊んでいた記憶が残っています。新卒で辞める教師の話など、聞いたことがありませんでした。

私は、土曜日の午後は大田区の教員の野球チームで泥まみれになっていました。夜の一杯では、他校の先生に人生のイロハを教わっていました。古き良き時代です。

「ゆとり教育」のなかで

小・中学校で週五日制が平成四年九月から月一回、平成七年四月からは月に二回という形で段階的に実施してきました。そして、平成八年の中央教育審議会答申において「生きる力」を育むために完全週五日制の実施が提言されたのでした。この提言を受け、平成十四年度から完全週五日制を実施しているのです。

土曜日に、のんびりしていた時代は遥か彼方に遠のきました。土曜日の分の授業時数が平日に重くのしかかってきました。放課後、子どもと話す時間は皆無となってきました。休憩時間は、ほとんどの学校で三時四十五分から四時半までに設定しています。会議自体も減らさざるを得ない状況が表れてきたのです。「ゆとり教育」のなかで教師から「ゆとり」が消えていったのです。

二十分休み、昼休み、放課後の校庭から、教師と子どもの歓声も消えたのです。給食中も一段と緊張感が増してきます。

二〇一二年、東京の調布市の五年生の女子が、食物アレルギーで亡くなったのです。多くの区市町村で、食物アレルギー対策が喫緊の課題になりました。食物アレルギーの子どもは年々増えてきています。私は、校長・副校長・養護・栄養士・関係担任と「食物アレルギー対策委員会」を作りました。保護者には食材を徹底して点検するように言いました。

少しでも、危険と感じるメニューのときは、除去食ではなく弁当持参にしました。特別な例では「タンパク質アレルギー」がありました。牛乳の水滴が体に触れると反応を示すのです。

教室ではなく一部屋を特別に用意して、食事をとらせるようにしていました。学校という場で、どこまで対応すべきなのか難しい状況になってきています。

保護者としては何とかして欲しい。学校も何とかしてあげたい。心情的には理解できますが、人的配置には限界があります。給食中、教師は教室を離れることができないのです。たとえ、保護者や他校から電話があってもとれないのです。たとえ、具合が悪い子が出ても教師は保健室に連れていけないのです。

教師は、分身の術をもっていないのです。教師が、楽しく笑い合って食べる環境を作るべきだと思います。すべてを、教師に丸投げする状況はやめるべきです。

さらに、追い打ちをかけるのが調査です。「学力調査」「いじめの調査」「体罰の調査」「学習定着度調査」「通学路の安全調査」「食物アレルギー調査」などなど、オンパレードです。これらの調査が、すべての教育活動に生かされるのなら救われるのですが、一部には結果や改善策が伝わって来ない現状があります。

中学校の教師は、忙しさの上にクラブ活動の指導が入ってきます。土・日に試合が組まれている場合も多いです。自分のリフレッシュや家族との団らんはどのようになっているでしょう。

教育の根幹をなすものは、教師です。どのように社会が変化しようとも、普遍的に大切にしなくてはならない職業は教師です。一時間一時間の授業で、子どもは刺激を受け、知的な成長をしていくのです。

教師の励ましの言葉で、生まれ変わることもあるのです。保育園・幼稚園・小学校・中学校・高校・高専・専門学校・大学……と教育の現場があります。

私は、本書では義務教育の小学校に焦点を当てて書いています。表面からは見えない、内部の様子、本音などに多角的に光を当てます。そして、教師の活性化を中心に据え、文章を紡いでいきます。

テレビでは、「ゆとり教育は失敗だった」との話が文部科学大臣からも聞こえてきました。現場の教師の声をだれが聞きに来て、「ゆとり教育」を始めたのでしょうか。政治家も教育評論家も「ゆとり教育・生きる力」の大合唱でした。

昔から「国家百年の計は教育にあり」と言われます。百年の計の推進者は、政治家でも評論家でもなく、現場で子どもと向き合う教師なのです。教師が、笑顔で明るく、指導技術を磨き、仲間と切磋琢磨する教育界を求めていくべきだと思います。

○仕事を家に持ち帰らないでよい教師
○子どもを職員室にこさせ、他の教師の応援もお願いできる教師
○精神的に穏やかで、ゆったりと子どもの話に耳を傾けられる教師
○保護者の声にも向き合い、受容・共感・支援できる教師
○生きていること、生かされていることに喜びを感じる教師
○新規採用教員試験のときの情熱を失わない教師

私は、自分が校長になったら、そのような教師を育てたいと思っていました。しかし、現状はとても厳しいものでした。

希望をもてる教師のために

ある若手教師が「校長先生、僕たちはブラック企業に勤めているのですか」と聞いてきました。

彼は「ブラック企業の規定はないですが、一般的には残業が八十時間を超える企業が当てはまるそうです。僕は、朝七時に出勤してだいたい夜の九時近くまで仕事をしています。これだけでひと月、二十日間勤務として残業が百二十時間になります。さらに休日出勤を加

えると百四十四時間になります。これは立派なブラック企業になると思います」と理路整然と言い切りました。

残業時間は、確実に増えています。「ノー残業デー」を設定して声をかけても、なかなか徹底できません。教師の声は「残業しないと、その分を家に持ち帰るか、休日出勤でやるしかないのです」といったものでした。根本から、仕事量の軽減化、授業時数や教育課程の見直しを図るべきだと思います。

さらに、英語教育、道徳の教科などが盛り込まれたら、教師は完全に準備不足に陥ります。ある区市町村の学校では、英語教育の充実のため、教師が自らのお金で英語のレッスンに通ったそうです。驚くべき事実です。しかし、これが現実なのです。

あるとき（一九九九年）、有馬朗人文部大臣（当時）が江東区立明治小学校を訪問したことがあります。私は、そのとき教頭でした。

大臣が「教育現場で困っていることは何ですか？」と聞かれました。私は「各教師は目いっぱいで仕事をしています。仕事の軽減化を図ることをお願いします」と言いました。何の変化もありませんでした。

教師は、学校の宝です。宝物が輝く未来を創造すべきです。私は、教師の本務は「授業」だと常に思っています。そして「よい授業」は、充実した教材研究からしか生まれないのです。

四十一年前に、私が研究授業をしたときのこと。今でも、指導教官に言われた言葉を忘れません。「一時間の研究授業のためには、二十時間以上の教材研究をしなさい」でした。今日でも通用する、生きている言葉だと思います。

そのために、教師の現状を変えていきたいものです。教師の本音を書いた本を見たことはありません。校長が、本音で書いた文章も見たことはありません。現職の時は、なかなか書けないものです。しかし、私は現在、肩書きがなくなりました。肩にのしかかるものがありません。自由で気楽な立場です。

私が生き抜いてきた教育の世界を知ってもらうことと同時に、全国の教師へ「応援のメッセージ」を届けたくなったのです。

教師の皆さんは、きっと七夕飾りの短冊に将来なりたい仕事として「先生」と夢をもって書いたことでしょう。しかし、今日、七夕の短冊に「先生になりたい」という言葉を探すことが難しいのです。自分の息子や娘が、親の後ろ姿を見ながら「よし、自分も教師を目指したい」と希望をもって語ってくれる教師であってほしいものです。

教師は、大変な仕事です。覚悟がないとできない仕事です。なぜなら、子どもたちの人生に関わる仕事だからです。一人の人間に大きな影響を及ぼす仕事だからです。毎日が真剣勝負なのです。だからこそ、豊かな感性も穏やかな品性も必要になるのです。

北は北海道の教師から、南は沖縄の教師まで互いに学び合いながら、胸襟を開いてつながり合い、高めていきたいものです。

私は、ずっとずっと教師を応援していきます。私の文章を読みながら、ときどき笑い、ときどき真剣に考えて下さい。そして、明日への英気を養って下さい。

教師の仕事は崇高なのです。古い言葉ですが、私は「教師は聖職」だと思っています。結果だけを求められるビジネスマンではないのです。

子どもの心の琴線、心のひだに、静かに残るような仕事をして下さい。大きく息を吸って、堂々と歩んで下さい。日本全国の教師は、すべて仲間だと意識して歩んで下さい。

2　教師という職業

平成二十五年度の文部科学省の調査によると、全国で二十一万千百三十一校の小学校があります。これは、国立、私立、公立を合わせた数です。そして校長を含めた教員の人数は、三十二万人を超えます。

私が若いときにある人が「朝は希望に起き、昼は努力に生き、夜は感謝に眠る」という言葉を教えてくれました。私は、散歩前の犬が尻尾を振って、リードを力強く引くように、早く学校に行きたかったです。

毎日、分からないことばかり。毎日、教わることばかり。それでも、早く学校に行きたかったのです。四十一年前のことですが、そのときの躍動する心をよく覚えています。

二〇〇三年に私は、校長になりました。毎週、「週案簿」を点検して、教師たちへのアドバイスを書き込みました。週案簿とは、一週間の授業の時間割と内容を書いたものです。そして自分の感想や悩みや提言を書くのです。

教師の書く内容が年々疲れてきています。否定的な見方が多くなっています。自分に自信が持てなくなってきています。

原因はいくつかあります。

○　仕事量
○　授業方法
○　教材研究
○　保護者との対応
○　問題行動を起こす子どもへの対応
○　同僚との人間関係
○　上司との人間関係

など多岐にわたります。

教員はスーパーマンでも全能の神でもないのです。生身の人間なのです。

空気も動かせば風になる

教師という職業は「木を植える人」に近いでしょう。有名な言葉に「明日世界が滅びるとしても、今日私はリンゴの木を植える」（マルティン・ルター）があります。木を植えても、すぐには結果が表れません。大切なことは努力し続けることです。挑戦とは新たなことを行うだけではなく、失敗を恐れないことです。教師はお利口に育った人が多いです。だから、失敗を極端に恐れます。

私が教師になって間もないころ、子どもたちと一緒に取り組んだ学芸会で大失敗しました。影絵を使った劇でした。題は「八郎」でした。劇がクライマックスになったときに、一人の子が足を引っかけて幕や機材を倒してしまったのです。子どもたちは雲の子を散らすように、一斉に逃げました。私だけが取り残されて、大笑いの対象でした。

でも、再度チャレンジして乗り切りました。足を引っかけた子に罪はないのです。「先生が悪かったな」とその子に謝りました。

人生は成功から学ぶことは少ないです。失敗から学ぶのです。

「空気も動かせば風になる」とは、まず行動しなさい、アクションを起こしなさいという意味なのです。失敗は、人間を「考える動物」にしてくれます。

ある朝、教室に行くと「生き物係」の子が泣いていました。「どうした？」と声をかけると、「サーモヒーターの操作を間違えました」と泣きじゃくります。水槽の中のメダカが、全滅して浮き上がっていました。

「気にしなくていいよ。みんなで失敗の原因を考え、次に生かそう」と言いました。朝の会で改善策を検討しました。

夕方、町のペットショップに行ってメダカを買いました。教師も子どもも失敗しながら、人生を歩んでいくのです。

「何でもやってみること、失敗を恐れないこと」を話しました。

サーモヒーターの操作を失敗した子は、画用紙に「帰りに点検すること」と書いていました。何事も勉強です。

「ていねいな仕事」

学校は子ども一人一人の個性の宝庫です。多様性があるのがいいのであって、会社の倉庫のように整頓されればいいというものではありません。子どもの笑顔は将来の社会の大きな財産です。そのために私たち大人が英知を結集していきましょう。力まないで、焦らないで、慌てないで、大人も笑顔を出しながら歩みましょう。

何かの役に立つということはとても気持ちいいこと。ほめられることはうれしいこと。こうした体験を増やしていきたいものです。教育は未来への先行投資、私たちの未来は子どもたちに託すのです。教師は、その前線に立っています。

教師として自問自答してみます。子どもの目線に立って話を聞いているか。子どもの目の表情で心を読んでいるか。夢や願いを知っているか。

教師の人間性や確かな教育技術こそが子どもの変容や成長に結びつくのです。だからこそ、子どもに関しての喜びは教師のものです。

問題行動があったときに、最も大切な行動は「聴く」ことです。ゆっくりとじっくりと聴いてもらった子どもは、穏やかな表情を見せます。そして、自らの軽率な行動を反省し自分を見つめ直すのです。

仕事ができる人の共通点は、いばらない、限界を作らない、挑戦し続ける、そして屈託なく笑うことです。「ていねい」を意識しながら、学び合い、励まし合い、認め合い、高め合い、友達と集う喜びを味わってくれることを願っています。そのために、教師も「ていねいな仕事」をしていきましょう。

私は大学を卒業してから二年間、親方について内装屋の職人になりました。厳しい親方でしたが、人間のあり方を学びました。

とにかく「ていねいな仕事」なのでした。早く早くと思う私の心を見透かすように「お前は早く終わって帰りたいのだろう。でもな、お客さんは高いお金を出して注文してくれたんだよ。そのお金は汗水垂らして働いた金なんだよ。ていねいな仕事をしなければ罰が当たるよ」と諭されました。

日給月給で働いていた私は、ガツンと頭を叩かれたのです。親方には仕事がひっきりなしに入りました。注文主のある人は「よい親方に弟子入りしたな。この親方は都内でも三本指に入る職人だよ。ていねいだから、人に信用されているんだ」と話してくれました。

私がこの親方に感じた感動と似た体験を、ある暑い夏の日のこと、川崎市の溝の口にある「ドイツ菓子屋」と看板のかかったケーキ屋で味わったのです。

話の種に食べてみようと思ったのですが、暑い日だったので、「たいへん失礼ですが、店のなかで食べさせていただけませんか」とお願いし、小さなテーブル席で食べさせてもらったのです。

「うまい！」と思わず口にします。舌の上で味わうケーキは格別だったのです。小振りだったので、全部で三種類食べてしまいました。ケーキでこれだけ感動したのは初めての体験です。

以下は、お店の店主から聞いた話です。実はお店の自慢は、バウムクーヘン、でも、気温が二十度を下回らないと作らないということでした。バターが持ち運びのときに溶けてしまうから、秋まで作らないということです。ケーキは新鮮が命、仕上がったケーキの発送はしないので、遠く北海道からわざわざ食べに来る人もいるそうです。「儲けは少ないけれど、それでいいんです。ずっと同じ味を保ち続けることが大切なのです」と店主は話してくれました。さりげない言葉に心を打たれました。

内装の仕事とケーキ作りに私が見た「ていねいな仕事」ぶりは、教師という職業にも通じるものです。儲け・利潤追求第一主義の世の中にあって、職人的な魂と技術が要求されるのです。

職人は職人としてのプライドをもっています。教育や子育てに携わる者もプライドをもって励んでいくことが大切です。

ていねいな子育ての向こうに子どもの笑顔が見えてくるように、ていねいな教育は子どもの幸せな笑顔につながるはずです。

教育もまた仁なり

「医は仁なり」と昔から言われています。

これから私の鼻の手術を執刀した医師の話をします。初めて会ったときのこの医師の印象は、ややぶっきらぼうな話し方でしたので、内心、「この医者で手術は大丈夫かな」と少し不安がよぎりました。

手術当日、まさに「まな板の上の鯉」の心境です。手術は局部麻酔から始まります。局部麻酔なので、患者である私の意識はあります。医師はていねいな説明を始めました。レーザーでポリープを切除し、軟骨部分をメスで削りとります。その間も、医師は「いま削ってます」「バリッと音がしますよ」「いま手術は半分経過」とずっと私に話しかけてくれています。手術というのは、患者の不安が増幅するものです。しかし、術前、術中、術後の医師の説明は見事でした。名医だと思いました。

私が考える名医の条件とは

○　確かな技術があること
○　患者の心に寄り添う心があること
○　スタッフに素早く的確な指示ができること
○　ユーモアと温かな人間性をもっていること
○　先進的な技術を導入して学び続けていること

これらの条件の底辺には、患者を治したいという医者としての使命感があり、深い愛情がその基盤になっているのです。

そう考えると、この名医の条件とは、教師にも、親にも当てはまると思いました。教師も、子どもの心に寄り添いながら授業を展開していかなければ、子どもがついてきません。

「教育もまた仁なり」と思った理由です。

保護者の方々も名医までは望まずとも、よい医者を目指しましょう。

3　教師の心の病

うつ病の発症

「涙が止まらないんです」「眠れないんです」「気力が湧いて来ないんです」、うつ病と診断されたほかの学校の教師、八人に会いました。

「校長先生は、一度もうつ病になったことはないんですか?」という質問を何人もの方から受けます。

「残念ながら一度もありません」と私は答えます。

私の場合、ひたすら前進・前進の日々でした。学びたいこと、やりたいことばかりが増えて、きっと悩む暇がなかったのでしょう。

私はうつ病になるタイプには、二つあるように思います。

一つはまじめ過ぎるタイプ。

一つは力不足で混乱するタイプ。

まじめさは素晴らしい資質です。しかし、過度になると「こうでなければならない」とかたくなになり、自分で自分を責めていくことになります。

担任の教師がそうなると、子どもも息苦しくなり、窮屈になり反発し始めます。学級崩壊の芽が生まれるのです。この芽は「台風の目」のように、さらに発達するのです。教師と子ども、教師と保護者の信頼が失われてしまうのです。

そして、精神科あるいは心療内科にかかり、うつ病が確定します。

一方、力不足の教師は、自分の力不足を忘れ、子どもを責めたがる傾向があります。子どもを一日中責めるため、子どもの心は離れていきます。保護者も批判的となり、次第にクラスが荒れ始めます。学級崩壊につながっていきます。

教育で一番大切なことは信頼です。信頼は一朝一夕では成立しません。信頼は、教師がプロの技術をもち、子どもの心に寄り添いながら生活していくことによってしか生まれないのです。本物の教師の授業は静かななかに、子どもの思考がうごめき、変容していく姿が見られるものです。

現在、八人の教師は無事に現場復帰しています。自分に自信をもって歩むよう助言しています。うつ病患者は、あらゆる職業にあるようです。

「うつ母の会」発足

教育委員会から一本の電話が入りました。「うつ病の先生の復帰訓練を先生の学校で実施して欲しい」との内容でした。私は「どうぞ」とお引き受けしました。

次の日に本人が来校しました。いろいろな話をしました。出身地や得意なスポーツの話題も話しました。なぜうつ病になってしまったのか、聞きました。

そのころ、他校でも教師がうつ病を発症して、困っている校長がいました。その校長の相談に乗っているうちに、その教師の相談も引き受けることになりました。うつ病になった二人の先生を引き合わせしました。全職員にも紹介しました。

二人のチーム名を考え、「うつ母《ぼ》の会」と命名しました。私は伊豆大島の漁師の息子です。「ウツボ」は海のギャングと呼ばれ、嫌われ者です。でも、くさやにして食べると、頰っぺたが落ちるほどおいしいのです。うつ病の二人を見ていたら、頭に自然と「ウツボ」が浮かんだのです。

うつ病の二人は、うつ病の薬や症状の分析に精通していました。これからも、うつ病の患者は増えると思いました。そこで、この二人を役立てようと考えたのです。「新宿の母」「銀座の母」と呼んで占いや人生相談をする人がいます。「うつ母の会」には、うつ病の先輩として活躍してほしかったのです。

復帰訓練を実施した教師は、次の年に私の学校に異動してきました。学校の中核として精力的に活動し、彼の指導のおかげで、区内の教員の卓球大会で見事に優勝しました。復帰訓練を引き受けて本当によかったと思っています。

何かありましたら、どうぞ「うつ母の会」にご連絡下さい。

うつ病の原因で思うこと

うつ病になった教師たちを見ていて、感じたことを書いてみます。でも、私に専門的な医学の知識があるわけではないので、ここに述べたことが原因なのかどうか、確定したことを述べているわけではありません。そのあたりはご容赦のほどを、お願いします。

○　限界を超えた仕事量に囲まれる
○　こうでなければならないと自分で決めてしまう
○　廊下や会議の途中で上司に怒鳴られ萎縮する
○　心のチャンネルが少ない

○　逃げ場をもっていない
○　適当に受け流すことを知らない
○　できないことは悪だと思っている
○　すべてをオール5にしようと思っている
○　だれかに助けを求めることは自分の弱さだと思ってしまう
○　頑張ることは美徳だと考えている

私は「適当な男」とよく言われます。「適当」は、いい加減・無責任・ちゃらんぽらんと思われがちですが、国語の辞書を調べてみて下さい。「適当」は、ほどよい、ふさわしいと書いてあります。

私は、伊豆大島の漁師の家で育ちました。こうした漁師町では、本当は探せばいるのかもしれませんが、まず心の病でふさぎ込んでいる大人を見たことがありませんでした。

私の生育歴に大きな影響を与えてくれたのは村の教育でした。

○　無理はしない
○　できないことは当たり前
○　みんなの力を借りる

○　得意・不得意はだれでもある
○　叱られ・怒鳴られたら反省をする振りをする
○　すいませんとあやまることは、首の筋肉を鍛えることと思う
○　まじめさは必ずしもよいことではないと思う

どうでしょうか。あなたとくらべて少し違和感ありますか。失敗してもめげない。起き上がる力がある。自分の心に「ファイト」と声をかける。泣きたいときは泣けばよい。その代わりすぐに元気になろうと思う。笑うときは笑う。こうした切り替えが大切です。

漁師は、魚釣りをした人は分かると思いますが、釣り糸に魚がかかるまでじっと辛抱強く待っていなければいけません。強い雨が降り体が寒さで震えようとも「ボウズで帰るのはいやなので」我慢します。そして浮きがピクッと動いても、もう少し待ちます。次の瞬間、いまだと竿を引き揚げるのです。

4　新人教師に言いたいこと

二〇〇四年、静岡県で二十四歳の女性教師が車中で、灯油をかぶって焼身自殺をしました。二〇〇五年、埼玉県越谷市の学校で、二十二歳の男性教師が図工室で首をつって自殺をしま

した。二〇〇六年、東京都で女性教師が学校で自殺をしました。

私は、こうした記事を目にしたとき、胸がつぶされそうになります。三人の教師には親がいたはずです。親は、これらの事実をどのように受け止めたのか、想像を絶します。

三人とも、四月一日の辞令交付では緊張と期待で興奮していたことでしょう。親は、わが子が夢を実現した喜びで胸一杯だったことでしょう。

私は、新人の教師に必ず言うことがあります。

○　焦らない

○　新人仲間を大切にする

○　研修報告書はだいたいで書けばよい

○　レポートは先輩の教師からいただく

○　研修会の後は学校へ帰らず仲間とお茶をする

○　自分へのごほうびを必ず用意する

○　一生懸命やってもむきにはならない

○　できないことの多いことは普通である

○　問題があっても一人では抱えこまない

私には、教師をしている息子がいます。

「教師になったときに、自分は見習いだと思って何でも先輩に聞きなさい。あなたの長所は体力と素直さだ」と言い聞かせました。

教師が明るくなかったら、学校は明るくなりません。教師が笑う学校を作りたいものです。ある学校を私が去るときに、職員がプレゼントしてくれた「寄せ書き」のなかに「私の人生で、こんなに笑う校長さんは初めてでした」と書いてくれた教師がいました。ありがたいことです。

校長や教頭が、朝から苦虫をかみつぶしたような顔をしていたら、気勢は上がりません。笑いなど、起こるはずがありません。校長も教頭も教師も数多くの失敗をしてよいのです。昔から「小さな怪我をたくさんさせなさい。すると、大きな怪我はしない」と言われています。

一般の会社では、半年はじっくりと研修します。まだまだ、半人前にもならないのです。しかし、教育現場では四月一日から、担任を任せるのです。プレッシャーは計り知れません。だからこそ、寄り添いながら、励ましながら、声をかけながら育てていくのです。それでも、教師を辞めたいと言ったら、無理はさせないのです。自死だけは避けるのです。自死は、余りにも多くの人を傷つけ、奈落の底に落としてしまいます。

若手の教師に伝えます。理想の教育なんて、十年後くらいに考えなさい。今は、目の前の小さな目標を楽しみながら達成しなさい。

ときどき「先輩のような教師になりたいです」と言って、飲ませてもらいなさい。絶対に奢ってくれるはずです。長年の勘に間違いありません。

人生は美しく、人生は楽しいものです。

5 「嫌いにさせない」ことが重要

オール5の男

私の部下に、何でもできる男がいました。あまりに優秀なので、つい聞いてみました。

「君は小学生のときの成績はどうでしたか」

「はい、オール5でした」とあっさり答えました。

私は宇宙人に会ったようにあっけにとられてしまいます。世の中には本当にこういう人がいるんだよなと妙に感心してしまいました。

でも、本人いわく「一度オール5を取ってしまうと、4を取ることが許されない状況が生まれるのです」

彼は、友達との遊びも断り、ひたすら勉強をしていたようです。相当なプレッシャーが彼にのしかかっていたのです。「毎日、成績が落ちる心配ばかりしていました」

「校長先生、オール5なんて余り意味はないですよ。私が担任のクラスの子どもにそれは求めません。自分の得意なことを思い切り学んだほうがよいのです」と達観したような口ぶりです。

海に潜り、山の中を駆けめぐっていた自分の姿と余りにも違い過ぎます。私は、ストレスとは全く無縁な世界で育ったことを、とてもラッキーだと思いました。

しかし、そんな私ですが、教師という仕事がとてもおもしろくなって、油が乗り切ったとでもいいますか、教師生活十年を過ぎたあたり、江東区立第一亀戸小学校に勤務していた頃は、一日がせめて三十六時間ほしいと思っていました。校内では生活指導主任、研究推進委員長、区内の生活指導主任のまとめ役と毎日が激務の連続でした。疲れがなかなか取れなくなりました。

自分の身体が悲鳴を上げ始めました。そこで、同僚や区内の仲間に助けを求めました。みんなが助けてくれました。ネットワークが救ってくれたのです。そうです、頼っていいのですよ、そのための横のつながりです。友達が支えてくれます。

さらにリフレッシュしようと思い、落語や漫才を聞きに行きました。私の人好きな漫才師は「昭和のいる・こいる」です。

柔軟な心

失敗をみんなで笑い合える学校にしたいです。大切なことは「生まれてきたこと」「いまを生きていること」に感謝できる子どもを育成することです。

私は、子どもはこの世に誕生したときから人格をもっていると思います。子どもは親の思うままには育ちません。親は後ろ姿で導くことはできても、ムチで指導することはできません。大切なことは、子どもが社会人として歩んでいく基礎づくりをすることです。そのためには、「自信」と「希望」をもたせることです。そして、挫折しそうな子どもを支援することが大切なのです。

運動会で一位にならなくとも、子どものがんばりを称えて下さい。勝者は全員なのです。私は「汗をかき、声を出し、力を出す」、そのような子の溢れる学校を目指します。

小学校時代は多くの体験を通して、様々なことを学んで欲しいと願っています。失敗や成功を経験しながら、心豊かに逞しく育ってくれることを願っています。

学校で日々、何もないことなどないのです。保護者はすぐに苦情を言ってきます。教師は万能の神様ではないのです。

「先生がその場にいて気づかないのはおかしい」「かぜ気味で行かせたのに、具合が悪くなった」「彫刻刀で指を切ったのは指導が悪いせいだ」

なかには、電話の向こうで怒鳴り散らす保護者もいます。あの声を聞いたら、ふつうの教師は萎縮してしまうでしょう。私は、怒鳴る保護者を恐れません。昔から「弱い犬ほどよく吠える」といいます。怒鳴る保護者が学校へ来たときは、ぬるめのお茶を出して心を落ち着かせるのです。堂々とゆったりと話を聞くことです。

保護者との話し合いで最も大切なことは、教師と子どもの信頼関係を壊させないことです。相手が目の前で怒っているからといって、ただペコペコ頭を下げるのでは、後で親も「なんだ、あの教師、すぐに謝って。信念というものがないのか！」とばかにされるのがオチです。子どもとの絆を信じていれば、親の言い分をまずは聞いてあげましょう。

「さすが、さすが」「よかった、よかった」「そうそう、はいはい」と受け答えするのです。「人生は力んでも仕方ない」と思います。柔軟な心は自分で作るものです。保護者が苦情を言ってきたら、「さすが」とほめる余裕をもちましょう。

教師でも家庭は第一

朝の音楽室から、金管バンドクラブの演奏が聞こえてきます。放課後も遅くまで練習しています。多くの人は、「毎日練習していて偉いな」と思うかもしれません。しかし、このクラブを指導している教師にも、家に幼い子どもがいて、その帰りをいまかいまかと待っているのです。

私は、副校長として三つの学校を経験しました。その中の二つの学校はマーチングバンドクラブでは、全国大会の常連校でした。早朝・放課後・夕方・休日と練習が続きます。教師は「寝食を忘れて」という言葉がぴったり当てはまるほど、必死に指導していました。全国大会では、金賞をとり子どもとともに泣いていました。保護者も号泣していました。美しい光景でした。

確かに猛練習の成果が出て、素晴らしいことと言えるかもしれませんが、私は担当教師の家庭を思ってしまいます。私は、小学校教育はほどほどでよいと思っています。そこで、音楽の教師を呼びました。

「あなたが一生懸命に指導していることは素晴らしいです。ありがとうございます。ただし、金賞も銀賞も銅賞もいりません。ぼちぼちやって下さい。金管バンドクラブより、あなたのお子さんを大切にして下さい。早く家に帰って夕飯を作り、子どもと一緒に食べて下さい。子どもに寂しい思いをさせないで下さい」とお願いしました。そして、放課後からの練習を辞めさせました。

とかく、教師は前任の教師がやっていることを踏襲することが多いものです。保護者も「前の先生はやっていましたよ」と言います。それぞれ事情があるのですから、そんなことはどうでもいいのです。教師であろうと、「わが家が第一」です。

以前、新聞の投書欄で、高校の担任がわが子の卒業式に出席し、自分が担任する高校の卒業式を欠席したことを批判する文章が掲載されていました。私が校長でしたら、認めていたでしょう。なぜなら、担任の代わりはほかの教師で代行できますが、親の代わりはいないのです。状況によっての判断は様々でしょうが、家庭を優先することがあっていいと思っています。ちなみに、私は二人の息子の幼稚園、中学校、高校、大学の入学式に出席していました。よい記念です。

どのような仕事であろうと、家庭が安定していないとよい仕事はできません。私は職員に家族の健康状態をはじめ、何か悩みや困っていることがないか、話を聞きます。何か病気であれば、適切な医師を紹介しますし、法的なトラブルであれば、弁護士を紹介します。住居の関係では、良心的な不動産屋を紹介します。教師が抱える最近の悩み事で多いのは、親の介護・認知症でしょうか。これは難問です。

「介護離職」という言葉さえ生まれました。私も義母を「物忘れクリニック」に連れていったこと、現在は特養ホームにいることを職員に話します。「子ども笑うな来た道だから、年寄り笑うな行く道だから」、そう、冗談ではなく、教師も人の子、特別な存在ではないのですから、いつの日か特養ホームに入ることになるかもしれません。自然体でいいのです。

先に述べた金管バンドクラブは、夏の大会で銀賞をとりました。「校長先生、以前より集中して取り組んだ結果です」と教師は話し、「毎日、お母さんが早く帰ってくるので娘も喜んでいます」と笑顔で付け加えました。

私は、小学校教育では「嫌いにさせない」ことが重要だと考えています。特訓して特訓して嫌いにさせてしまうことが多々あります。順位や競争で傷つくことのない教育を実践していくべきだと思います。順位より笑顔、順位より満足度です。

6　ごほうびタイム

「運動会は準備万端で」

先日、会った教師が暗い顔をしていました。「珍しいな、どうしたんだ?」と聞くと、運動会の練習で子どもが骨折したということでした。

全国で組み体操が話題になりました。怪我を恐れる学校は、校長判断で取りやめにするでしょう。指示を待つ校長は、行政の指示待ち。案の定、文部科学省からは、都道府県の教育委員会に任せますとの回答。各教育委員会は各区市町村の判断に任せますと通知をしてきました。

すると、校長は安全第一の判断に落ち着くのです。

私は、体育を研究してきた人間です。私なら、正しい組み体操をやらせます。

その秘訣をお教えします。

私が教員になった昭和五十年頃は、秋の運動会が大勢を占めていました。六年生の担任をしてみると分かりますが、子どもたちの、夏前の筋力と秋の筋力は全然、違って来るのです。子どもたちの成長は著しいのです。

以前は秋にやっていた技を春にやることに無理が生じるのです。

私は、倒立は三年・四年の水泳指導の終わりに、プール内でやらせて感覚をつかませました。倒れる恐怖がなくなり、意欲的に挑戦していました。

二人技も、水中でやらせました（上半身は水の上に出ていますよ）。

腕立て伏せも、三年生は一回から五回、四年生は二回から十回などと低い設定をして、少しずつ少しずつ体力を向上させ、全員のレベルアップを図ります。

そのためには、学校全体で系統的な体力作りが必要になります。各区市町村の先進的な学校は体力作りのマニュアルを作っています。大いに利用して下さい。

ごほうびタイム

アトランタ・オリンピックの女子マラソンに出場し銀メダルを獲得した有森裕子さんは、レース後のインタビューで「自分で自分をほめてあげたい」という名言を残しました。

教師も、自分へのごほうびタイムが少ないようです。自宅から学校へ、学校から自宅への通学コースをときには変えてみるのです。変えて何をしましょうか。私は若いころからスポーツが好きでした。野球・ゴルフ・サッカー・水泳・卓球・バトミントン、なんでもしました。一緒にやった仲間とはいまでも、年に数回プレーを楽しんでいます。

私はニューヨークにいたときに、「比較教育学」を研究されていた博士と出会いました。彼から「大沼先生、日本の教師は何でも屋ですね。給食の指導・掃除の指導などなど、アメリカでは考えられないほど広範囲です。よく倒れませんね」って、妙に感心されました。そう言えば、ニューヨークの公立学校を訪問した際、休み時間になると教師は教室に鍵をかけていました。アメリカの教師は授業で教えることがメインであり、ほかは余り手出ししないのです。

「日本では、学校にプールがあって水泳指導もするのですよ」と現地の先生に話したら、「オッー、クレイジー」とあっさり言われました。

日本の教師が指導していることは、世界から見たら驚異的なことなのです。

最近の私のささやかな楽しみは、学校から家までの寄り道として、日比谷の帝国ホテルにあるピアノバーに行くことです。一瞬で異次元の世界に入れます。スコッチを飲みながらピアノの演奏を聴く。大好きな曲「ライムライト」をピアニストにリクエストします。少しお金に余裕ができたからできること、お酒はスコッチだから少しで、たくさんは飲みません。ごほうびタイムの過ごし方は多種多様でいいのであって、大切になさって下さい。

7　便秘・膀胱炎とつきあう

私は教師に「縦社会を大切にしなさい」とよく言います。縦社会とは、体育会系とか職人の親方・弟子の世界のことを言っているわけではありません。

食べ物は口に入ります。ゆっくりとかんで味わいましょう。食道から胃へ、胃から腸に行きます。小腸から大腸へ行き、やがて水分はおしっこになり、固形物は肛門から外へ出されます。そうしたとき、体はいつも本人にサインを送ってきます。

「おしっこをがまんすると膀胱炎になる」とは、昔からよく言われています。特に女性に多いのです。大腸に届いてだいぶ時間が経ちました、そろそろ排便のノックをしますよとサインが来ます、そうしたサインを見落としてはいけないのです。急いで、排便しようとすると力み過ぎて痔になってしまうかもしれません。

教師は休み時間も、何らかの仕事をしていたり、打ち合わせをしていたりしていることが多いのです。病気で倒れることは、絶対に回避しなければいけません。校長にとって、教師は一番大切な財産です。

たとえ授業中であっても、体からのサインを感じたら、自習にしてトイレに行くように私は話しています。これは、職場放棄でもなんでもないのです。子どもたちも、大小どちらであろうと、もらすよりはトイレへ早く行かせたほうがいいのです。

健康を守るということは、「適当な」生活習慣からは生まれません。

「即、対応する」「がまんしないことが肝心」「クラスの子どもより大腸を大切に」「校門指導より肛門指導」「暴行事件も大切ですが、膀胱事件も大切に」……

私は職員室で苦しい咳をしている教師を見つけたら、即決で家に帰らせます。他人から見て苦しそうなときは、相当悪いのです。本人も早く帰って医院に行き、見てもらうのが一番、そのほうが回復も早まりますし、長引きません。他の教師にうつさせても困ります。担任の代替えであろうと、後はなんとでもなります。

早期発見・早期対応は、職員の病気対応にも当てはまります。休むことに躊躇しない勇気をもって下さい。休暇はそのためにあるのですから。

8　モンスターペアレントへの対応

「行列のできる相談所」

モンスターペアレントとはどのような人をいうのでしょうか。モンスターとは怪物を指します。では、怪物的な親とは、どのような親なのでしょう。

○　大きな声を上げて攻撃的な態度をとる
○　学校の説明を無視して、一方的に自分の論理を押しつける
○　日常の業務に支障が出るほど、毎日連絡をとってくる
○　電話や対面の会話でも、軽く一時間を超えて話す
○　相談相手もいないので、会社や社会、地域でも孤立している

このような保護者には、最良の方法などないです。

ある学校の校長を私がしていたとき、職員が段ボールを利用して「手書きポスター」を作りました。そして、校長室の壁に掛けました。

「行列のできる相談所　ずばり言うわよ」とふざけていました。職員たちは、それを見て大笑いです。

「何でこんなものを作ったの？　よっぽど暇なんだな」と私が文句を言うと、「あんなに血相を変えて怒鳴り散らしていた親が、帰るときには穏やかな表情になるので不思議に思ったのです」という答えが返ってきます。

確かに、その日は、保護者からの苦情が三件ありました。保護者の話を聞くのに、腕時計を見ながらでは失礼です。やはり、話を聞くのに、時間を区切り「はい、終わります」も失礼です。

私は、一人最低二時間は用意しています。では、だいたいの流れを再現してみましょう。いま、校長室のドアをノックもせず大きな音を立てて、興奮した顔の親が入ってきます。こういうときは、ぬるいお茶がよいでしょう。熱いと口にすることもできませんし、イライラをさらに増長させます。

豊臣秀吉に小姓（後の石田三成）が出したお茶、「三献茶」の逸話（最初はぬるめのお茶をたっぷり出して喉の渇きを潤し、次第に熱めのお茶をふるまう……）にある通りです。

最初の一服は、気持ちよく飲んでいただくのです。校長室に文句を言いにきているのです。緊張もしています。覚悟もしています。

ここで穏やかに感謝の言葉を申し述べます。

「お忙しい中、わざわざお越し下さりありがとうございます。会社をお休みし、仕事を調整して下さったことでしょう。本当にありがとうございます」

最初のうちは、相手の言い分を一方的に聞きます。必ず相槌を打ちます。これは、相手に「しっかりと話を聞いていますよ」というメッセージ。多くの例は、自分の子どもの担任の非を一方的に責め立てます。「依怙贔屓《えこひいき》している」「いじめる」……とか、三十分は言い続けるでしょう。

私は、相槌は打ちますが、「申し訳ありません」「すいませんでした」は一言も言いません。なぜなら、謝罪する価値のある事柄かは確定していないからです。「そうですか」「なるほど」「そうですね」は言います。

三十分間、速射砲のように言い続けた親も、さすがに疲れてきます。その頃を見計らって、家庭での子どもの様子や家庭教育の方針などを聞きます。そして、失礼でなければ出身地を聞いて、親の小学校時代の話を伺います。得意な教科なども聞きます。こうして話題が広がってくると、表情は少し穏やかになります。一時間ぐらい経過した頃を見計らって、本題に入ります。

謝罪すべきことは謝罪します。学校を訴える、担任を訴えると言うなら、それも受け入れます。ただし、クラスの多くの保護者が「担任擁護」で騒ぎになるケースも過去にあったことを伝えます。それにより、あなたの子どもが傷つくことが起こったりする心配も伝えます。

日本人は訴訟に慣れていませんが、私は、訴訟王国、アメリカで三年間暮らしました。世の中、訴訟が溢れていました。だから、学校の最高責任者として訴訟も受けて立つのです。そして、学校に非があるのなら、正々堂々と事実を受け入れるのです。

一番よくないのは、曖昧にすることです。静かに受け止めるのです。そして、一言付け加えるのです。

「あなたのお子さんはいつも一生懸命活動していますよ。担任も休み時間、一緒に遊んでいますよ。水泳の時間には平泳ぎのキックを水の中に入って教えていましたよ」と伝えるのです。

お子さんと担任との良好な関係だけは、壊さないようにしたいものだというメッセージは伝えます。親の精神状態がある程度、落ち着いた頃に仕事の話など切り出してみます。私は、キャディー・左官屋・魚の配達・護岸工事・コック・飲み屋のマスター・内装屋などあらゆるバイトをしてきました。そのお陰で、どのような仕事の方にも話が通じるのです。私の知らないようなお仕事であれば、なおのこと、相手に教えてもらうのです。「人は人の中でこそ育つのです」

大切なことは、翌日も保護者と連絡をとることです。「授業中も手を挙げて頑張っていましたよ」「休み時間も友達と仲良くしていましたよ」「担任とも笑って話していましたよ」とも付け加えます。

相手の親が「わざわざ電話して下さり、ありがとうございます」と言ったら、「もし私が親なら、仕事中もお子さんのことが気になるでしょうから、電話したのです」と答えます。

学校全体で、あなたのお子さんを守りますと宣言し、学校は苦情から逃げも隠れもしませんよとのメッセージを送るのです。

人間の心理としては、「モンスターペアレント」とは一分一秒でも早く縁を切りたいと思うことが一般的でしょう。そこを、こらえるのです。そこで、踏ん張るのです。

モンスターペアレントとの対応で最も大切なことは、誠意です。

モンスターペアレントのお子さんの転校

ある学校の校長から私に電話がかかり、「有名なモンスターペアレントのお子さんが先生の学校に転校しますよ」とご注進、心なしか声が弾んでいます。

その学校の校長は、毎日のように学校にやって来ては耳にたこができるほど聞かされる苦情に、顔色が悪くなり、体重もやせたほどです。担任も体調不良を訴え、休みがちになりました。

「一つよろしくお願いします。以前から相談に乗っていただいていた親です。教育委員会も対応に苦慮している親です」と明るい声で話しました。盆と正月が一緒に来たような感じでした。

その子どもは六年生です。校長室での初めての対面、ソファーにも満足にすわれず、デレッとしています。「ほら、きちんとしなさい」と言っても直るものではありません。人は、急には変われないのです。

担任がその子をクラスに引き取っていった後で、親と少し話をしました。以前の学校の悪口をずっと言い続け、教育委員会の対応のひどさも話していましたが、三十分も経つと、悪口の材料がなくなりました。

私は、お母さんの生育歴を探りました。母親の生家は、彼女が小学生のとき、空気で膨らませる「ダッコちゃん人形」の製造で儲かったそうです。「お嬢様として育てられたのですね」とお世辞を言いましたら、「ダッコちゃんのことをこんなに知っている校長先生は初めてです」とまんざらでもなさそうな口ぶり、生き生きと幼少時代を語っていました。

転校してきた子どもには、学校全体で「ほめ・ほめ大作戦」で臨みます。全校朝会で並んだときも「姿勢がよいね」とほめ、靴を履いているだけでも「履き方が素晴らしい」、給食を完食したら「好き嫌いがなくて凄い」とほめます。有用感が高まってきます。友人関係のトラブルは多少ありましたが、喜んで卒業していきました。

モンスターペアレントの話を聞いてくれる人は、学校か教育委員会でしょう。だから、学校へ行くのです。子どもが高校生になって、親がまだモンスターペアレントという話はほとんど聞きません。モンスターペアレントは、寂しいのです。モンスターペアレントは、孤独なのです。モンスターペアレントは、子どもが中学校を卒業するのが怖いのです。なぜなら、文句や苦情や、自分の話を聞いてくれる場所がなくなるからです。

モンスターは、この世にはいないのです。そこには、小心者の人間がいるだけ、孤立した人間がいるだけ。いくら声を荒げても、攻撃的な言葉を発していても一時間は続かないのです。

担任は授業があります。苦情処理には向いていません。学校の電話回線は二つか三つです。長電話があると、学校が機能しなくなります。そこで、校長の出番になるのです。穏やかに話すのです。ゆっくりと話を聞いてあげるのです。興奮した親は最初「教育委員会に言うぞ」と言います。それも、想定内です。

何も恐れることはないのです。教育委員会は「学校で対処して下さい」と答えるのが一般的です。

教師が困った保護者に出会ったときには、段ボールに描いたポスター「行列のできる相談所」を思い出して下さい。慌てないでいいのです。焦らないでいいのです。緊張しなくていいのです。

教師は、子どもと向き合い、子どものよさを引き出して下さい。「校長先生、お願いします」とていねいにお願いすればよいのです。

4章　教師を育てる

1　若手の先生への応援歌

教師に成りたてのあなたにメッセージを贈ります。夢と現実のはざまで苦しんでいますか。教育実習のときは、先生方はあんなにもていねいに教えて下さったのに、あんなにも親切だったのにと思い返していませんか。

周りの先輩の先生は、まるで自分のことに忙しく手一杯で（そう、新学期が始まっていますからね）、新米の私のことなんか振り向いてもくれません。勝手にして、自分のことは自分でやって下さい、大人だからできるでしょうって感じ。

簡単に言えば、教育実習のときはあなたはお客さんだったのです。四月はあんなに元気だったのに、五月まで果たしてもつかな、心配ですか？　大丈夫です。これが教職に限らず、どこの会社へ入社しようとかかる「五月病」です。聞いたことあるでしょう？

私が教職についた若手に伝授してきたサバイバル方法を教えましょう。基本は「適当と効率」です。

一、先輩の教師から様々なアドバイスをもらいましょう

そのときに必ず言う言葉「はい、分かりました、やらせて下さい」の三つです。職人の世界に入った人では「はい」しか言えません。教師の世界では質問は大いに結構ですが、屁理屈は要らないのです。

いいですか、話の終わりに、さわやかに「はい、分かりました、やらせて下さい」と言うこと。これで好感度アップでしょう。私は、これで「新人教師時代」を乗り切った人を何人も知っています。大丈夫。表面的な素直さも、財産になります（笑）。

二、研修報告書は適当に

新規採用教員は研修が多いです。私が、校長会の役員や会長をやっていたときに、教育委員会に意見を述べたことがあります。内容は、研修報告書の形式の簡素化で、教材研究の時間もままならないのに、研修報告に時間をとられることはもったいないと発言しました。

報告書の回数も減らしました。形式も簡素化しました。これは、新規採用教員にとても喜ばれました。

三、ネットワークを大切に

新人仲間には、様々な能力をもった人がいます。パソコンが堪能な人、スポーツが得意な人、理科系が専門の人、本や映画に詳しい人など様々です。そうです、自分とは趣味や得意分野が違う人を大切にするのです。この交友を広げていくのです。ネットワークを接続していくのです。そして、チームを作り、チームで事務処理したり、チームで教材研究をするのです。多くの人の能力を生かすのです。一人で抱え込まないで、負担を分散するのです。

みんなでわいわい言いながら、前進するのです。その結果、効率のよい仕事ができ、時間が生み出されるのです。生み出された時間は、自分の趣味や自分へのごほうびの時間にするのです。美味しいものを食べ歩いてもよいでしょう。

静かに読書をしてもよいでしょう。リフレッシュするのです。

こうすればそうした仲間から、教師を辞めたいとか、うつ病になるという教師は生まれないでしょう。

2 「黒板の字がきたない」

「私は朝が得意」

私は、小さいときから朝早く起きるのが苦になりませんでした。漁師の家の子は、「出漁だ」の声で一発で飛び起きるのです。最初は辛かったけれど、よい習慣になりました。教師のときも、教頭のときも、校長になっても、朝の六時半には、出勤していました。

教師になりたての頃、板書の練習と教材研究をしていました。板書の練習とは、黒板に書く文字が私の場合、きれいとはとても言えなかったため、小学一年生が、ひらがなや漢字練習に使う、四つのマスで区切られたスペースに一文字を大きく書く練習です。毎日、練習するうちに、上手になっていく自分が分かりました。

若手の教師も試してみて下さい。字のきれいな人は、性格もよいと思われがちです（笑）。反対に、私のようなきたない字を書く人は、乱暴者のように思われがちです。

教頭のときは、事務処理をせっせとやりました。生まれた時間は、補教に入ったりしました。また、様々な子どもの対応に使いました。

校長のときは、ＢＧＭを聴きながら、お茶を飲みながら、ゆったりと仕事をしました。「学校便り」の執筆や講演会の資料などを作っていました。また、困難を抱えている教師への手紙なども書きました。

そして、余った時間を校内散歩や校庭でのひなたぼっこに使うのです。まさに、朝が稼ぎどきなのです。

少女からの手招き

校舎内を歩いて授業観察をしていました。四年生の若手教師が担任の教室に入りました。ちょうど国語の時間。一人の女の子が私を手招きしますので、机のそばに行き、しゃがみこみます。

「校長先生、じつは黒板の字がきたなくて、ノートに写そうとしてもできないの」と言います。

なるほど、子どもの指摘は当然です。子どもが校長の私に言うということは、家でも話題になっているはず。また、この子が言うということは、クラスの多くの子どももそう思っているということ。

放課後、私は彼の教室に行って二人で話します。私も新人のとき、黒板の字がきたなくて、保護者からクレームをもらったことを話します。

各科目で何をどのように黒板に書くか、「板書計画」をたてる必要があります。それを大学ノートを使ってやるように指示します。ビデオを使って授業記録を録画するか、デジカメで板書を撮るように言います。

さらに、「一年生のひらがな練習ノート」を渡し、一週間で仕上げるように言います。二週目は「二年生の漢字ノート」、三週目は「三年生の漢字ノート」、四週目は「四年生の漢字ノート」、五週目は「五年生の漢字ノート」、六週目は「六年生の漢字ノート」をやらせました。指導と添削は各学年主任が担当です。

本人は緊張しながらも、やり遂げました。一人の新人は、学校の宝なのです。一人の新人は、各教師の自分の過去を思い出させるのです。一人の新人は、学校の笑いの起爆剤になるのです。彼の「板書計画」の記録は一年間続きました。

二か月が過ぎた頃、知らん振りをして例の女の子に「この頃、先生の黒板の字はどうですか？」と聞きました。「だいぶ上手になりましたよ」と「上から目線」で答えが返ってきました（笑）。

そんな彼も、いまは異動先の学校では中堅教師として頑張っているようです。たぶん、新人教師に「板書計画」や「漢字ノート」をやらせていることでしょう。

3　理想郷は自分で創れ

毎年、合同歓送迎会があります。司会者が「転出された先生から一言頂きます」との声がかかります。すると「今度の学校はよい学校です」「困難校です」「荒れた学校です」などの言葉が聞かれます。

では、教師が考える「よい学校」とは、どのような学校なのでしょうか。

○　問題行動を起こす子どもの少ない学校
○　管理職が独断的でヒステリックでない学校
○　保護者のクレームが少ない学校
○　各教師の授業力が高い学校
○　授業に専念できる学校
○　能力的に理解力の低い子どもが少ない学校

簡単に言えば、手がかからない楽な学校なのです。

私は、公立学校で楽な学校など見たこともも聞いたこともありません。どの学校も、多くの課題を抱えながら日々歩んでいるのです。学習能力も千差万別、保護者の経済的背景も千差万別、問題行動も千差万別、生育歴も千差万別、保護者の学校への期待も千差万別なのです。

私は、公立学校では理想郷はないと思っています。様々な能力をもった子、様々な個性をもった子が入学してくるからです。さらには、職員の異動が余りにも多いからです。教師は、同じ学校に六年もいれば必ず異動の対象です。管理職は、四年くらいでしょう。

校長が替わると、学校は変わってしまうのです。このような状況の中で、一定の質を保つことは困難と言わざるを得ません。だれもが、理想郷を望むものです。しかし、理想郷は待っていても現れないのです。

私は、順境より逆境を好みます。なぜなら、困難を乗り切る心地よさが味わえるからです。なぜなら、役に立つ喜びを味わえるからです。なぜなら、ネバーギブアップの精神が発揮できるからです。なぜなら、困難に遭うと知恵が引き出されるからです。そして、困難を乗り切った後には、子どもの笑顔が見られるのです。

教師とともに、生きる喜び、役に立つ喜びを実感できるのです。そのためにも、教師の皆さんは、たくさん本を読んだり、学校の外の人の声に耳を傾けて下さい。同じ仕事の人だけですと、似たような反応しか出ません。比較できるのは、異なる職種の人がよいでしょう。角度を変えて、物事を見て下さい。

学校の外から、学校を見て下さい。そして、自分の理想の学校作りに挑戦して下さい。

4　学級経営と教室の整頓

米作りの名人は「米作りは土作りだ」と言います。教師にとっての土作りは学級経営だと思います。

私は、新規採用教員が赴任すると、最初の一年間は教育研究会の学級経営部に所属させます。授業ももちろん大切ですが、まずは学級経営のイロハを学んで欲しいのです。子どもとの関わり方、黒板や掲示物の効果的な使用方法、保護者との関わり、などをしっかりと学んで欲しいからです。

学級経営という土台ができていないと、授業がスムーズにいきません。授業がうまくいかなければ、学級崩壊です。授業がうまくいってこそ、子どもたちの心が耕され、豊かになっていくのです。

子どもたちを教室で迎え、元気に挨拶をします。子どもの表情をよく見てから授業開始、子どもたちの心に寄り添って授業を進めます。

私は、教頭のときも校長になっても、朝早く校内を巡視していました。危険な箇所はないか、安全点検も行っています。すべての教室を、中に入って点検します。

○ゴミは捨ててあるか
○掲示物は古くなっていないか
○子どものロッカーは整理されているか
○机や椅子の位置はきちんとしているか
○教師の机の周りは整理されているか
○給食のロッカーの中の白衣はきちんとかかっているか
○掃除用具のロッカーの中は整理されているか
○ほうきの先のゴミはとれているか
○教室のドアーのさん（レールの部分）はきれいになっているか
○黒板のさんはきれいになっているか
○チョークはそろっているか

これらを素早く点検します。

よい教師は、これらが、しっかりとできているのです。そして、これらのクラスは学級崩壊にはなりにくいのです。なぜなら、子どもたちに、教師の考えが伝わって行動にまでなっているからです。点検してみると、教室をよい環境にしようという、子どもへの思いが伝わってくるのです。

私は、左官屋やコック、内装屋のアルバイトもしてきました。職人やコックのなかで、だれもが一目も二目も置く人には共通項がありました。それは、道具をていねいに大切に扱うこと、きれいにして次の日もしっかりと使える状態にしておくことでした。私が、コックのアルバイトをしていたある日、定期的な料理長の点検がありました。厨房には緊張感が漂います。フライパンやオーブンの点検もありました。

その日、料理長に呼ばれました。「大沼君はアルバイトだが、よい仕事をしているね。私が、どこで君を評価しているか分かるか」と聞かれました。私が首をかしげていると「君はフライパンや鍋の取っ手の付け根の部分をしっかりと洗っているんだよ。だいたいの人は表面は磨くけれど、汚れがとれにくい部分は手を抜きがちになる。君はそこが偉いのだよ」とほめて下さいました。意識しないで、自然にやっていたことを認めてもらえてうれしかった記憶があります。

私の家は、漁師の家。どんな船も、ロープや道具はきちんと整理しています。ロープはいざというとき、さっと投げるときれいに伸びていくもの。岸壁に船を着岸するときも放ります。人を助けるために海に放るときも、きれいに伸びなければ、生死に関わってきます。

小さいときから、船の整理整頓はたたき込まれています。魚をすくう網も、場所も変わらずに決まっています。夜の海の上でも、さっと行動できる。目を閉じていても、場所が分かるから。

船も料理の道具も教室も、すべて同じ商売道具。教師の意識は、教室の様々な所に表れます。耕す所は、教師の考え方であり、子どもの心であり環境でもあるのです。心は形に表れるのです。

校長は、若手の教師に一つ一つ身をもって教えてあげて下さい。子どもたちには、なぜきれいにするのか、なぜ整理整頓をするのか、静かに指導するように教えてあげて下さい。

5　よい教師の条件

「大沼先生、教師を育てる秘訣を教えて下さい」とよく聞かれました。私は「秘訣はないよ。大切なことは、受容・共感・支援だよ」と言います。

多くの校長は、教師との面接や普段の会話で教育の話などをすることが多いでしょう。私に言わせれば「水も飲みたくない馬や牛を水場まで連れて行くことは大変でしょう。本当に水を飲みたい馬や牛には、安全な道や近道を教えます」と答えます。

このたとえで、分かりにくいと思いますので、具体的にポイントを言いましょう。「自分でよくなりたいと思う人間しか、伸びないのです」。では、よくなりたいと思う人間をどのように見抜き、育てていくのか。

親孝行の人を探す

毎年、新規採用教員が入ってきます。初めての面接は、緊張で一杯です。私は、職務に関することは、副校長や担当教師にお願いします。私は、どこの出身か、好物は何か、両親は健在か、得意な教科は何か、好きなスポーツは何か、などを適当に聞きます。そして、最初の給料で親にプレゼントすること、ボーナスでご馳走してあげることを話します。

親にプレゼントすることは、たいした額でなくてよいのです。ご馳走も何でもよいのです。親は、子育てが一段落したと思ってうれしいのです。親は、少し苦労が報われたと感じうれしいのです。

私が校長だったときの副校長に、佐々木直子がいました。情熱家で、何事も一生懸命に取り組む人間でした。私は、この人は信用できる人だなと思いました。なぜなら、親孝行をしっかりとしていたからです。彼女の家は、新潟でした。実家は、自転車屋でした。弟が跡をとっていることなど話してくれました。

夏のボーナスと冬のボーナスの一部を使って、両親や弟を旅行へ連れていっているのです。私には、彼女の親が心の中で泣いている姿が見えるのです。親は、自分たちの育て方は間違っていなかったと安心するでしょう。高級なホテルでなくてもよいのです。豪華な食事でなくてもよいのです。心が和み、温かくなればよいのです。今では東京都目黒区の小学校で、押しも押されぬ立派な校長になっています。

彼女は情に溢れた人です。部下をきちんと育てます。何より授業力があり、理論家でもあります。一生懸命やる原動力は、親孝行だと思っています。親の苦労を見た人は、困難を乗り越えていくものです。

「子どもはすべてできなくてＯＫ」

教師の皆さんは、指導するときに「学習指導要領」を意識します。「年間指導計画」も意識します。すべての教師が自由に指導していたら、指導要領の内容は達成不可能になるでしょう。そして、学校全体としての指導計画もおざなりになってしまうでしょう。

各学年、各クラスの進度もまちまちになり、学校への信頼は失われます。学校全体で共通理解をして、指導することは当然のことなのです。しかし、余りにも意識しすぎると、厳しい指導になる傾向が生まれます。

子どもには、能力に差があります。全員が一律に、完全にできることなど少ないのです。たとえば体育の例を挙げれば、逆上がりができない子も、跳び箱での台上前転ができない子も、なわ跳びの二重跳びができない子も、二十五メートルを泳げない子も、卒業していくのです。

私は「小学校ですべてができなくてもよいのです。完結型でなくてもよいのです。大切なことは、厳しく指導することで運動嫌いにさせないことです」と話します。

教師が熱心に指導することは、素晴らしいことです。しかし、弊害もあることは知っておくべきでしょう。熱心に指導する余り、マイナス面を指摘することが重なってくると、子どもはやる気を失いがちになります。

小学校のときは筋力もなくできなかった技が、中学校でできるようになった事例は数多くあります。小学校では、どのような教科・領域とも嫌いにさせないことを重視すべきです。教師は、一人一人の能力を見抜き、その子に適した指導をすることが大切なのです。

「生涯スポーツ」「生涯体育」とよく言われます。子どもたちが生涯にわたって味わうであろう、運動する喜びの芽を摘まないことが重要なのです。小学校時代は、基礎・基本の時代です。嫌いにさせないことは、好きにつながると思います。

各校長は、各教師に、力まないようにとアドバイスしてあげて下さい。

著名なスポーツ指導者に共通することは、皆さん優しくていねいに指導していることです。否定的な指導は見られません。

見事な復活劇

早朝、風呂に入り、いつもより早く出勤しました。学校へ着いて、手をもう一度洗ってから書類作成にとりかかります。「指導力不足教員の指定除外の申請書」です。

東京都教育委員会は、平成十三年度より、指導力不足の教員の力量を高めるために研修をスタートさせました。ステップアップ研修と呼んでいます。

平成十五年四月、江東区教育委員会から、指導力不足の教員の研修を引き受けてほしいという連絡がありました。「指導力不足教員の研修とは何か」、校長としての勉強が始まったのです。調べると、

一　長期コース　週四日研修センター　一日学校
二　通所コース　週一日研修センター　四日学校
三　短期コース　年に十日程度研修センター

と分かれていました。

長期コースの者には、年に四回実施する「観察授業」が課せられます。この観察授業は、ハードルの高いものでした。

当時、私が校長をしていた学校で引き受けた教師は、守田久子先生でした。長期コース

でした。最初の観察授業を、私も含め複数の先生方で見ました。レベルに達していない印象でした。この授業後の協議会では、当該の教師が所属する学校の校長が話すことが義務づけられていました。

私は「恥ずかしい内容で申し訳ありません。学校としても再度検証して、レベルの高い授業を目指します。そのためには、本人に謙虚さや感謝する気持ちが必要です」と謝罪しました。

その後、本人を校長室に呼び「先生がやる気を出して、復帰したいという強い気持ちなら、私も職員も全力を挙げて支援します。しかし、あなたが中途半端な気持ちなら即、手を引きます」と厳しく言い渡しました。本人のその場での答えは「頑張ります」というものでした。

調べると当時、「ステップアップ研修の長期コース」から復帰した人はまだいないようでした。私は「ハードルはとても高いぞ、気を引き締めないと、無駄なエネルギーになるぞ」と考えました。副校長の佐々木直子をはじめ、全職員に、そうした趣旨で私の覚悟を正直に話し、協力を要請しました。佐々木直子は、忙しい職務の合間を縫って守田先生の教材研究をともにしてくれました。他の職員も事前授業に協力してくれました。

守田久子先生も、徐々に授業の勘を取り戻して来ました。不屈の精神で立ち上がってくれたのです。研修センターの先生方も授業力が向上していることに賛同してくれるようになりました。

そして、私はついに決断したのです。研修センターの先生に「来年度、本校の一年生の担任を守田先生に持たせたい、よって指導力不足教員の指定除外をすることに賛同をお願いしたい」と話して、先の申請書を提出しました。

やがて、東京都教育委員会から、除外申請の書類が受理されたとの通知が届きました。早速、全職員を集めました。報告すると、大きな拍手が湧き起こりました。歓喜の瞬間です。

「頑張れ、頑張れ」と周りから言うことは簡単です。私は、守田先生が頑張ってきた姿を横で見ていたので、「頑張れ」とはあえて言いませんでした。人生の中では、様々な困難に遭遇します。そのとき、逃げずに立ち向かう強さを持ちたいとはだれもが願うことです。私は、守田先生の息子さんに手紙を書きました。

「あなたのお母さんは誇りある人ですよ。あなたは、お母さんを自慢していいのですよ。守田久子先生の息子でよかったですね」

ネットワークの輪

私は、職員に「日本全国の教師は全員仲間ですよ。先進的な研究や先行的な研究をしている学校は多々あるのです。そこにある知的財産は共有しないともったいない」と話します。

離島であろうと、山村の僻地と言われるところであろうと、全員が仲間なのです。だからこそ、ネットワークを大切にして欲しいのです。

私は、職員に「ネットワーク・フットワーク・ヘッドワーク・チームワーク」の話をよくします。ネットワークとは、様々な分野の人や機関との連携をもつことです。フットワークとは、身軽に動くことです。ヘッドワークとは、知恵を出すことです。チームワークとは、仲間で対応することです。

この四つを意識すると、物事はスムーズに対応できます。この四つを意識すると、全国の教師は全員仲間だと思えるようになるでしょう。そして、孤立することなく、肩の力を抜きながら、確実に歩むことができるでしょう。

都道府県の違いや区市町村の違いなどに、余り意味はないのです。学校規模や学校の立地場所なども関係ないのです。

石川県の小さな学校で勤務している教師が、学校訪問で来ました。

「大沼校長は、いつも伊豆大島で育ったことを誇りに思っているコメントを発信していま す。いつも自慢しています。僕の勤務している学校は小さな学校です。都会に勤務している仲間に対して引け目を感じていましたが、先生を知ってから堂々と歩めるようになりました。ありがとうございます」。ありがたい話です。

教師の価値は、どこで勤務しているかは全く関係ないのです。子どもや保護者や地域の方々に、どのように寄り添うのかで、教師の価値は決まるのです。最初から、授業力の高い教師などいないのです。子どもの前に立てるのは、一生懸命学ぶ教師のみが立てるのです。だからこそ、ネットワークを大切にして、全国の教師が学び合えばよいのです。そして、時間を作るのです。そして、早く帰るのです。そして、一杯やるのです。スポーツで汗を流すのです。そして、笑うのです。

6　保護者会は参画型

保護者会が近づくと、表情が暗くなる若手がいました。話を聞くと「保護者会で何を話してよいのか分からない」と言いました。若手の教師から見ると、保護者は皆さん人生の先輩です。話しづらいと思っているようでした。

保護者会は、担任から学校での様子を保護者に伝えることも大切ですが、保護者同士で話し合わせることも大切なのです。担任が一人で話すことというイメージは捨て去るのです。学年主任に聞いて、話題や進め方を学ぶことは当然です。保護者の学級代表と相談してもよいでしょう。

私は、講演会を頼まれると、参加者が参加する参画型にすることがあります。一時間も一時間半も、ずっと似たような話を聴いていることは苦痛です。そこで隣の人と意見交換させたり、五人、六人のグループにしたりさせて話し合わせたりします。この方法だと、講演会中に眠る人は皆無になります。活気づきます。

保護者会も同じです。教師と保護者の共同作業の場なのです。だから、教師が一人で悩む必要はないのです。子どものよさを見つけ、伝えることで安心させることと同時に、保護者の悩みを聞いてもよいのです。

保護者は仕事を休んだり、勤務を調整したりして参加してくれているのです。

まずは、感謝をもって迎えればよいのです。それができたら、百点です。

笑顔で楽しむことです。「うまくやろう」「スムーズにやろう」と思わなくてよいのですよ。

若手教師の失敗談も、大いに喜ばれるでしょう。その日の夕食の話題は、学校のことで盛り上がることでしょう。

お礼の言葉を忘れない

ある学校の校長をしていたときのことでした。前の日に、教師が運動会の練習で疲れているだろうと思って、ケーキの差し入れをしました。みんな、笑顔で美味しそうに食べていました。

そして、次の日の朝が来ました。「校長先生、昨日はごちそうさまでした」と言ってきた教師は数名でした。そのすべてが、ベテラン教師でした。

私は、職員朝会で次のような話をしました。

「お礼を言って欲しくて差し入れしたのではありませんが、昨日はありがとうございましたというのはマナーです。二日後に、おとといはありがとうございますと言っても心は伝わりませんよ」

教師にも、常識を身につけて欲しかったからです。その日を境に、きちんとお礼を言ってくるようになりました。昔から「借りた人は忘れても、貸した人は忘れない」と言います。お礼を言える人を育てたいものです。

このような習慣は、保護者との関係にも生きてきます。感謝の心は、素早く伝えるのです。間延びしてはいけないのです。お礼の言葉を言われると、次はいつ差し入れをしようかと考えてしまいます。

教師の皆さんも、どのような場面でも素直にお礼の言葉を言える人になって下さい。

7　「富貴在心」の精神

日比谷の松本楼に置いてある本を読んでいたときに「富貴在心」という言葉を初めて知り、私はこの言葉が好きになりました。中国の辛亥革命（中国で起こった民主主義革命）を起こした孫文を支援した松本楼の創業者、梅谷正吉が好んだ言葉です。

「富貴在心」の意味は「富や貴さというのは財産や名声ではなく、その人の心のなかにこそある。すなわち、人は持ち物の多少によって価値が決まるものではなく、人の価値は魂にこそある」。梅谷はこれを座右の銘にしていたそうです。

私も、ある書家にお願いして、この言葉を書いていただき、伊豆大島の実家の居間に額に入れて飾ってあります。自分の心がぶれそうなときに、見直しています。

私は教師という職業は「富貴在心」の精神を体現していると思っています。子どもの心に、様々な種を植えているのだと信じているのです。

ある人が「教師の社会的な地位や価値は下がってきている」と言いました。私は、そういう発言をする人がかわいそうに思えます。明治・大正・昭和・平成と時代は移ろいでいても、教育の使命は時代を超えて変わらないと信じています。すべての教師は崇高な使命をもって日々努力しているのです。その活動を支えているのは、子どもをよくしたい・役に立ちたいという信念です。この精神は不滅です。

教師も人間です。疲れ果てるときもあるでしょう。辞めたいと思うときもあるでしょう。眠れないときもあるでしょう。そんなときは、この言葉を思い出して下さい。そして、少しずつでいいです。元気を出して下さい。

私は日本全国の教師をずっとずっと応援しています。

教師はお金持ちにはなれません。ベンツにも乗れないでしょう。そんなことは気にしないで、自転車に乗って悠々と風を切ったらいいのです。富と貴さは、すべての教師の心にあるのです。

5章　保護者にもいろいろあって

1　少年に翼を与えなさい

私に最初の子（長男）が誕生したとき、ある方がこんな言葉を贈って下さったのです。「幼いときには根を張らせ、少年になったら翼を与えなさい」と。その言葉を贈られた僕にはそのとき、根を張らすにはどうしたらいいか、翼はどのように与えればよいか、すぐにはよく分からなかったのです。

次第に大きくなる息子に話かけながら、そして教師として学校で子どもと付き合う内に、ようやく、贈って下さった言葉の意味が分かりかけてきたのです。根とは、愛情豊かに育てる内に心のなかに芽生える有用感や達成感や自信のようなもの、翼とは、自分の夢を見つけ努力し続けるときに必要な自立心のようなもの。

いま、私の二人の息子は社会のなかを自由に飛んでいます。嵐のときはひたすら羽を休め、巣のなかでじっとしています。雨や雪に打たれ、羽が濡れることもあるでしょう。そして、翼が乾いたら再び飛び立てばいいのです。翼の推進力は「夢」です。

「夢がある限り、努力を続ける限り、夢は遠くない」、私はこの言葉が大好きです。

思い起こせば、子どもの夢はときとして、大きく変化していきます。小学校の低学年から高学年になるにつれて、妙に現実味を帯びた夢になることがあります。それでいいのです。

私の息子も小さいときは電車が好きで、将来の夢は電車の運転手でした。京浜急行に乗って終点の三崎口に着いたときも、京王線に乗ってやはり終点の高尾山口で降りたときも、乗客がすべて降りるのを待って、運転手さんや車掌さんと写真を撮りました。「よい夢をもって凄いね」と声をかけられて、とてもうれしそうでした。

しかし、現在は、まったく違う職種で仕事をしています。これもまたよしなのです。

翼を広げて、大空を羽ばたくことが大切なのです。赤ん坊だった子どもが、自分の夢に向かって羽を羽ばたかせ飛び立つのです。親はいつの時代も心配でたまりません。余計なことを言いたくなります。それをじっとこらえる、それが難しいところです。

子どもは心豊かに歩んでくれることが大切なのです。自分が生きている実感や喜びを味わってくれればいいのです。自分の夢に向かって努力することを楽しんでくれればいいのです。

2　終わりなき旅

神様からの贈り物

「子育てが終わった」と言う人がいます。子育てとは、いくつまでのことを言うのでしょう。私は、子育ては永遠のような気がします。

私の両親は他界しています。しかし、心のなかでは両親はいつも存在しています。何かの試験で合格したときも、水泳大会で頑張ったときも、息子たちが就職したときも、いつも「おめでとう」と心の声で言ってくれます。

今でも、他界している両親に育てていただいているような気がしています。私の命が燃え尽きる瞬間まで、両親は育ててくれています。そのように思えるとき、自分は幸せだなと思います。

昔、ある保護者が「俺たちが子どもを作ったのだから、どのように育ててもいいだろう。担任にいろいろと言われる筋合いはない」と言い放ちました。

私は「子どもは作るものではなく、神様からの贈り物です。作ったのではなく授かったのです。幸運だっただけです。あなた方のペットでもなく私有物でもないのです。この世に生まれたときから人格があるのです」と気合いを入れて反論しました。

なぜなら、子どもを虐待していたからです。絶対に許しがたい行為だったからです。私は、子育てとは崇高な行為だと思っています。

最初に教師になって担任した子どもたちは、現在は五十歳近いでしょう。どんな親になっているか、楽しみです。五十歳になった私の教え子の親で、私の両親のように他界されている方もいらっしゃるかもしれません。でも、教え子の心のなかに「親」が生き続けることを願っています。

よい子とは

子どもは素晴らしいです。悪い子は一人もいません。

いじめっ子も確かにいます。嫌がらせをする子もいます。マナーができていない子もいます。すぐに暴力をふるう子もいます。様々です。品行方正が理想ですが、そのような子はなかなかいないのが現状です。

私が考えるよい子とは

○　おはようございますと言える子

○　ありがとうと言える子
○　困った子に手を差し伸べられる子
○　あきらめないで挑戦する子
○　一個のパンをみんなで分けて食べる子
○　生まれてきてよかったと思い、日々感謝の心で歩む子

です。一人一人の子は日本の、世界の宝です。この大切な宝を磨き生かすのも、保護者の皆さんの心にかかっています。

どうぞ子育てを楽しんで下さい。子どもを一つの人格として尊重しながら、鍛えながら育てて下さい。子どもの成長を見つけ、ときにはほめてあげて下さい。親が子どもにかける一言は、クリスマスプレゼントやお年玉よりはるかに大きな財産になることでしょう。どうぞ「終わりなき子育ての旅」を楽しんで下さい。

3　給食費未納

「校長先生にいただいた手紙はいつも持っていますよ」

街中で会った母親は、バッグの中から封筒を見せました。ああ、頑張っているなとうれ

しくなりました。

ある学校に赴任したとき、栄養士が深刻そうな顔をして校長室にやって来ました。話を聞くと、三年間、給食費未納の兄妹がいるというのです。上の兄さんのほうはすでに卒業しています。何度、督促状を出しても、「反応なし」とのことでした。確信犯です。

私は、保護者に手紙を書きました。

「もし、一般社会でこのようなことをしたら、無銭飲食として逮捕されます。あなた方が行っていることは立派な犯罪です。教育委員会の弁護士にも話しました。所轄の警察にも第一報を入れました。ただし、様々な理由があるのでしょうから、早急に学校に来て説明をするように」

次の日の夕方に、母親が来ました。父親の仕事が不景気で不定期になっていること、自分も夜の仕事だけれど、給料が少ないことなどを話してくれました。

私は、行政には福祉課もあり、要保護の制度もあることを話しました。ただし、未納のお金は絶対に返済するように伝えました。一括で払うことができないなら、少しずつ何年もかかっていいから、返済して下さいと。

そして、「明日から、握り飯を二個作って娘に持たせるように。子どもには給食費未納の話はしないでいい」と話しました。握り飯は、校長が食べて、校長の分の給食を子どものクラスの給食に入れることも伝えました。

「今は、生活が苦しいだろうが頑張りどころだよ。人生の中にはときどきこういうことが起こるよ。贅沢など禁止して、質素に生きるのも楽しいものだよ」と言いました。

そして、わが家の貧しかった頃の話をしました。私が学校の先生になったものの、子どもができて、生活費が厳しい状態でしたので、食費がなくなってきたら近くに住むおじさんのところへ行き、野菜や食料品を分けてもらいました。子どもに着せる服は、クラスの保護者に声をかけてお古を回してもらいました。また、子どもの服をバザーで安く買ったものです。当時のわが家のモットーが「もらう、拾う、ただ」であるという極意を教えました。

「校長先生にもそんな大変な時期があったのですか」と驚いていました。

学校には、様々なトラブルがあります。大切なことは、積み残しをしないことです。校長は、客観的に判断し、法的な措置も辞さないという強い意志をもって臨むことが大切です。担任や各受け持ちの教員任せにしないことです。

担任は、授業に専念させるべきです。給食費の問題にかかわる暇があったら、教材研究すべきです。

保護者に「食費を払いなさい」と言ってもなかなか払わないものです。毅然たる態度と、受容・共感・支援の態度で接するのです。

受容とは、相手の事情を受け止めることです。共感とは、苦しいのはあなたの家族だけではないのですよという姿勢を見せることです。支援とは、孤立させないで、社会的な支援のあることを教えたり、いつでも声をかけることです。

いつでも、周りとつながっていることを教えるのです。

4　怪我での訴え

ある学校の校長として四月に赴任して、一年が経とうとしていました。三月の最後の保護者会の日でした。放課後、青ざめた顔をして一人の教師が慌てた様子で校長室にやって来ました。どうしたのかと、すぐにその教師に事情を聞きました。

「二年前の六月のことでした。一人の女の子が教室で笛の練習をしていたとき、前の席の男の子が急に立ち上がって頭が笛に当たり、女の子の前歯が欠損したのです。男の子の保護者が相手側に謝罪したいと言ったところ、当時の校長が、こうした事例はよくあることですから学校の保険で対応しますと答えたのです。被害者の保護者が保険の適用には限界があるのではと言っても、あやふやな態度で二年が過ぎてしまったのです。そして、今日の保護者会で、その被害者の保護者が急に立ち上がり、娘の歯を返してくださいと叫んだのです」と話してくれました。

私は担任のあなたには、何の落ち度もないと言い、この事案は、校長・副校長で対応することを伝えました。事故報告書も見せるように言いました。

すぐに加害者の保護者を呼びました。「前任の校長は大丈夫と言いましたが、相手側が納得していないので、示談のための話し合いをもつべきです」と言いました。加害者の保護者の転勤が決まっていましたので、事を急ぐようにお願いしました。被害者がかかっている歯医者に行ってもらい、これまでの事情を話し、治療にどれくらいの費用が過去にかかり、今後の治療費はどれ位か、その金額を確かめさせました。

そして、いよいよ校長室にて、双方の保護者を呼び、示談のための話し合いがもたれたのです。双方が納得して、無事に終了しました。

私は、子どもには全く罪はないので、子どもを責めないようにと念押しをしました。学校で、怪我が起こらないことなどないのです。

「首から上は救急車」

「傷跡が残るものは病院へ」

「歯の欠損はていねいな聴取と報告」

「教育委員会や学校医との連携」

体育の授業でも、水泳指導でも、理科の実験でも、図画工作の彫刻刀やのこぎりでも、家庭科の調理でも、あらゆるところに怪我は起こります。

大切なことは、安全な指導を徹底することです。適当にしないで、徹底することです。それでも、事故が起こることがあります。そのときは、早期発見・早期対応・ていねいな事後対応をすることです。

一方、夏季休業中を利用して「日赤の救急員」の資格を取ることをお勧めします。ちなみに、私は「水泳指導員・日赤の救助員（主に水難救助）・日赤の救急員・スポーツトレーナー・レクレーションリーダー」などの資格を若いときに取得しました。これらの資格は、教員生活で大いに役に立ちました。あるいは家族で一緒に取得するのもいいでしょう。

怪我を恐れて、教育活動が停滞すること、萎縮することのないように、学校全体で共通理解しておくことが大切です。

5　父親のDVを止められない母親

きっかけは、教師から、ある男の子が顔を腫らしているとの報告からです。早速、校長室に呼んで、本人から話を聞きました。父親から宿題を忘れて殴られる、給食の服を忘れて殴られる、下の子と喧嘩して殴られる、そういった状況だというのです。

「グーで殴られるの？　それともパーで殴られるの？」と聞くと、「グーパンチで頭や顔を殴られる」と泣いて答えました。

児童虐待に対しては即行で動かないといけません。なぜなら、命に関わるからです。母親にすぐに学校に来てもらって、話を聞きました。「子どもの悲鳴が聞こえても助けられなかったです。主人が怖くてたまりませんでした」

児童相談所の職員にも学校に来てもらいました。私は職員に、児童虐待は決して見逃さない、「もう少し様子を見ましょうという態度は絶対にしない」という話をしました。

すぐに父親の勤めている会社に電話をかけます。

「おい、校長だからと言って、土足で他人の家に入っていいのか」、電話口で父親の怒鳴り声が聞こえます。普通の校長ならここで怯《ひる》むこともあるかもしれません。しかし、校長である私には、子どもを守る義務があります。

「すぐに休暇届けを出して家庭支援センターの職員と話し合いなさい。あなたが行っている行為は児童虐待です。警察にも報告してあります。教育委員会にも報告してあります。甘く考えないほうがいいですよ。あなたの上司にも話しましょうか」。電話の向こうが静かになりました。

両親のリハビリが始まり、三か月に及びました。三か月後、父親に会うと「校長先生、いろいろとありがとうございました。僕も父親に叩かれて育ったのです。リハビリに行ってよかった」と言ってくれました。

6　足の踏み場もない部屋

玄関のインターホンを鳴らすと、怒鳴り声が返ってきました。

「何しに来たんだよ」

「いいから開けなさい」

四月に転校してきた四年生が不登校気味になったので、副校長として様子を見に来たのです。玄関に入った瞬間、「おっ！」と思わず声が出ました。

二間ある部屋で衣類が散乱し、足の踏み場もないのです。そんななかで、夜の仕事をしている母親の服だけは、クリーニングの袋がかぶさって上から吊るしてありました。

四年生の男の子のお兄さんは中学一年生でした。中学生の彼も不登校でした。三月に両親が離婚して転校してきたのです。「先週もお父さんに会ってお小遣いをもらったよ」とうれしそうに話していました。心のなかは、寂しさでいっぱいだったのです。

早速、母親に学校に来てもらいました。家の環境を整えること、食事をしっかりとらせること、学校を休ませないことを話しました。

四年生の男子はお兄さんが送ってくるようになりました。しかし、中学生の彼は不登校のままでした。二年後、彼はバイクの窃盗で逮捕されました。母親が学校に来て「あの子は少年院に入りました。副校長先生からの手紙を欲しがっています。どうぞ書いてやって下さい」と依頼されました。手紙のやりとりは約一年間続きました。それから、音信不通になりました。

それから二十二年後、彼の子どもが私の学校に転校してきました。彼も驚いていました。そしてうれしそうでした。彼の嫁さんが「主人は世の中で一番信頼できる人は大沼先生だと結婚前から言っていたんですよ」と話してくれました。ありがたいご縁です。

7　内縁の夫

「子どもに会わせろ」学校の玄関から大きな声が聞こえてきました。私は何事かと思い、声のするほうへ行きました。大柄な男が立っていました。そして「子どもに会わせろ」を連呼しています。

まずは、名前を聞きました。職員に指示して、児童名簿で調べさせました。すると、母子家庭の記録しか載っていません。

校長室に入っていただきました。私が「学校には父親の記録はありませんよ」と伝えると、「俺は内縁の夫だ」と言うのです。さらに、暴力団の組に入っていて、刑務所にも二度厄介になったと自慢げに話します。

母子は彼の暴力が原因で、実家に帰っているようです。私は「努力してみましょう」と適当に答えました。そして所轄の警察に電話しました。

早速、刑事が三人、学校に来ました。その足で彼のアパートに行きました。刑事は、組と名前を確実に掌握していました。勝手に学校に来てもらっては困ることや大きな声を上げないことなど、注意しました。

私が母親に電話したところ、昼間から飲んでいて、ろれつが回らない状態でした。子どもを学校に来させるよう伝えました。

担任や学年担当の先生はびくびくしていました。職員会議で、この事案は校長が窓口になるから心配しないよう伝えました。彼からかかった電話は、すべて私がとるようにしました。

彼が学校に来たとき、自分の成育歴を説明しました。辛いものがありました。何年か経って、警察署の方から、彼が努力して普通の社会に復帰したことを知りました。様々な人生があります。学校は保護者を選べないのです。

8　仲裁役依頼

「生徒が親のお金を持ち出し、友達におごりまくって使い切ってしまいました。父親がへそくりにしていた十五万円でした」と生活指導主任から校長に報告が上がりました。「父親は、学校が間に立って両家の調整をしてくださいと言ってきました」というのです。

私は「現代の親だな」と思いました。自分たちで解決できないのです。私は、この生徒の父親に電話しました。

「お父さん、これは親同士で解決すべき事案ですよ。学校に持ち込むことはできません。知恵を絞って双方で解決して下さい」と伝えました。

一週間後、その父親から「示談が成立しました。私にも落ち度があったので、減額して支払ってもらいました」と明るい声で話していました。

私は、「子どもに見つかるようなへそくりは、へそくりと言いませんよ。小分けして隠すように」とアドバイスしました（笑）。

9 「最後の砦」大炎上

私が教頭のときに、ある校長と一緒に仕事をしました。その校長の口癖は「私は最後の砦です。校長という存在は重厚さがないといけません。その重厚さが威厳につながるのです」というものでした。

五月のある日、職員が不適切な発言で、子どもの心を傷つけてしまいました。その日の夜に、緊急保護者会を開きました。ＰＴＡの本部役員会も開きました。当該の保護者は、テープレコーダーを持ち込み、気合い十分でした。校長室での話し合いは、謝罪あるのみでした。激昂した父親が「校長は、どう責任をとるのだ」と問います。校長は「私は赴任したばかりです。状況がよく分からなかったので、責任をとれと言われても困ります」と言ってしまいました。

父親は、ゆで上がったタコよりも赤くなりました。頭からは煙が出ていました。

教頭の私は「私は前年度もいましたので、職員の指導が至らなくて申し訳ありませんでした。二度と同じ過ちはさせません。お子さんが明るく元気に学校生活を送れるよう、学校の全職員で支援していきます」と誠心誠意、答えました。

保護者の方が帰った後のことです。次の日は、休日です。子ども本人にまだ謝罪していないので、私は「担任と一緒に自宅に行きましょう」と校長に提案しました。

それに対する校長の発言は「最初は教頭さんと学年主任と当事者で行ってください。私は、それでも収まらないようでしたら、最後の砦として出て行きます」と言うのです。すると、いつもは温厚な学年主任の女性の教諭が「今が最後の砦の出番なのです」と語気を鋭く言いました。校長は、しぶしぶ腰を上げました。

その児童の自宅に着くと、父親が出てきて「この無責任校長、塩をまいてやる」と怒鳴ったので、校長は後ずさりして帰ってしまいました。

このことがあって以降、私は、自分の学校経営計画の文言に「校長は最初の砦です」と書くようにしました。そのほうが、こちらの誠意も熱意も伝わるのです。「最後の砦、最後の砦」と言っている内に、大炎上してしまいます。

よい勉強になりました。校長は、最高責任者なのです。

10　多国籍対応

鎌倉時代には、蒙古襲来がありました。江戸時代末期には、黒船来襲がありました。私の友人の校長は「多国籍軍襲来」と冗談で言います。その学校には、中国、韓国、タイ、フィリピン、ベトナム、ブラジルなどの国々からの転入生が多く、対応に困っていました。

私は、外国人の転入生は学校の財産だから、工夫して対応するようにといつも言っています。

○　転入生の保護者の会社には日本語の分かる人が必ずいます。基礎的な言語は、日本語に訳してもらうこと。

○　転入生が萎縮しないように、それぞれの国の文化を紹介するスピーチや掲示物などを積極的に利用すること。

○　玄関に様々な言語と日本語の比較を掲示して興味関心を高めること。

○　「学校便り」などで保護者のネットワークを呼びかけること。

○　教育委員会と連携をとり言語のサポートを要請すること。

○　漢字にはルビをつけて分かりやすい日本語にすること

どのような国の転入生も、温かく迎えるのです。そうすれば担任も学校も成長するのです。私は、若いときにニューヨーク補習授業校の分校の校長をしていました。現地の学校では、英語が分からない人たちへの支援が多くありました。学校が支援してくれる保護者を、募集することもありました。

日本では、外国からの転入生に対し、まだまだ組織的な受け入れ体制はできていません。大切なことは「焦らないこと」「慌てないこと」「諦めないこと」、この三つの「あ」を忘れないことです。

スリランカ代表の名演説

外国からの転入生を、わが子だと思って接してみて下さい。わが子と思えば、とまどって不安を抱えている相手に対し、きっと様々な方策が出てくるでしょう。それをきっかけに、今まで見えなかったことが見えてきます。それを楽しんで下さい。決して「襲米」ではないはずですよ。異なる文化を学ぶよい機会になるはずです。

あるとき、スリランカからの転入生が私のいる学校に転入生として来ることになりました。スリランカはかつて、セイロンと呼ばれていました。私は、早速、スリランカの歴史をいろいろ調べてみました。日本との関係、交流についても調べました。

すると、第二次世界大戦後、日本と一番早く外交関係を結んだ国がスリランカだとわかったのです。

日本との戦争に勝った、アメリカ、イギリス、ソ連、中国によって「日本分割占領案」が画策され、作成されていたさなか開催された、サンフランシスコ平和会議と呼ばれる国連でのこと、スリランカ（当時はセイロン）代表で後に大統領になるジャヤワルダナさんが、次のような趣旨の演説をしてくれたのです。

「戦争に負けた日本にもう一度チャンスを与えるべき」「憎しみは何も生み出さない」「日本は自由であるべきと切望する」とまで言ってくれたのです。

その場にいた、当時の吉田茂首相は「日本は永遠にこの大恩を忘れてはならない」と言ったそうです。

私は、学校に来られたスリランカの保護者に、この話をしました。その保護者の方は何回もうなずいて「その話、知っています」と誇らしげに言いました。現在、日本人で、この事実を知っている人はどれほどいらっしゃるでしょう。

トルコの恩返し

明治時代には（一八九〇年）、トルコの軍艦エルトゥールル号が紀伊半島の大島で遭難しました。それを救った日本人の話も、トルコの国民は全員学習していると聞きました。だから、トルコ人には親日家が多いのです。

一九八五年三月十七日、イランとイラクとの戦争のさなか、イラクのサダム・フセイン大統領は「四十八時間後、イラン上空を飛ぶすべての飛行機は撃墜する」と突如宣言します。

当時、日本の航空会社はイランへの路線がなく、安全も保証されないため、日本政府は救援機を出すことをためらっていました。各国の航空会社とも自国民の救出優先のなか、イラン在住の邦人の命が危機を迎えるタイムリミット寸前、救援機が到着します。トルコの航空機です。テヘラン日本人学校の児童や保護者たち、商社マンやビジネスマンたち、計二一五名の日本人を乗せ、危機一髪、イランを脱出したのです。そのときのトルコのオザル首相は「エルトゥールル号の借りを返しただけです」と言ったそうです。

一九九九年のトルコの大地震では、助けてもらった商社マンや銀行マンが奔走して義援金を募集しました。日本政府は自衛隊の大型の輸送艦で救援物資を運んだそうです。

人と人とのつながりは国境を越えるのです。友情は世界で通じるのです。日本で学ぶ多国籍の子どもたちは、将来の日本と各国との架け橋になる可能性が大いにあります。それは貴重な財産になるでしょう。

外国からの転入生を担任する教師は、指導が大変になるかもしれません。しかし、大変と思わずに、異文化を学ぶよい機会ととらえるべきです。学び交流することによって、学校全体が豊かになるでしょう。

私は、自分がそうした転入生を担任したときに廊下の掲示板を使って、外国籍の子どもに様々な国の文化を紹介させました。また、そのお母さん方に学校に来てもらい、PTAで料理の紹介をしてもらいました。さらに、外国人の保護者に学校で授業をしてもらったこともあります。大変好評でした。

多国籍の子どもたちを、否定的にとらえるのではなく、肯定的にとらえていくとよいでしょう。教師が、そうした転入生を温かく迎えると、教室も和やかになります。教師の皆さんも、世界から学んでいきましょう。

もし、自分が違う国に行って一人で現地の学校に入ったときのことを想像してみて下さい。不安や緊張感はどれほどのものか、心臓の鼓動はどれほどか、と想像して下さい。

すると、外国からの転入生に対し自然に優しく接することができるはずです。

11「先生、助けて下さい」

校長室のドアを激しく叩く音が聞こえました。ドアを開けると、女の子が泣きじゃくって「校長先生、助けて下さい」と言います。五年生の子でした。まず水を飲ませてから、担任と副校長も呼び、ゆっくりと事情を説明するようにと言いました。

お母さんと二人きりの一人親家庭の子でした。お母さんは、東南アジアの方で、女の子は、日本で生まれ育ちました。彼女が幼いときに、日本人の父親は家を出て行ったそうです。

母親との二人暮らしが続いていたのですが、半年前から見知らぬ男が一緒に暮らし始めたそうです（後で、母親に聞いた話では、部屋代を少し負担してもらっていたようです。内縁の夫でも何でもないのです）。

子どもの話では、母親は、夜の八時に出かけて朝まで帰ってこない仕事でした。男は、最初は優しかったそうです。しかし、母親がいない夜になると、身体をマッサージしろと言ってくるようになってきたそうです。

男と五年生の女の子の二人きり。身の危険を察知したのです。が、どこに相談してよいのか分からなかったのです。そのとき、頭に浮かんだのが校長先生だと話してくれました。

やがて女の子の涙も収まったので、「家には帰りたくないのだね」と聞くと、「帰りたくない」とはっきり言いました。

早速、児童相談所に電話して、すぐに来てもらいました。相談員は、女の子から再度、意志の確認を取りました。そして、引き取っていきました。

学校としてはどこにその子が保護されたか、住所も連絡先も知らず、一切関知しないという立場を貫くことにします。たとえ、母親から学校に電話があっても、教えません。児童相談所の電話番号しか伝えません。

勝手な親も見てきました。無責任な親も見てきました。子どもを産んだから親だと勘違いしている親も見てきました。

親とは、子どもを導ける人でなければいけないのです。

親とは、子どもを慈しめる人でなければいけないのです。

親とは、学び続ける人でなければいけないのです。

子どもが、親の犠牲になることがあります。

そんなとき、子どもを救える場所は学校なのかもしれません。子どもにとって、笑える場所は学校なのかもしれません。子どもにとって、希望の救い手は教師なのかもしれません。

「先生、助けて下さい」と声を上げられない子もいるでしょう。教師の皆さんは、アンテナを高くして、子どもの心の動きをキャッチして下さい。

家庭支援センターの方々や児童相談所の方々との連携を密にしていて下さい。また、地域の警察の方々とも連携を強化していって下さい。すべては、子どものためなのです。

12　伝承力

「伝承力」とは私の造語ですが、多くの善意が生み出す力です。「伝承力」とはよき伝統へとつながっていきます。高い木には深い根があるといいます。その深い根は、多くの卒業生や保護者の善意です。その深い根は力強い根を広げ幹を支え、子どもという花を咲かせる大きな力になっているのです。そうした力を感じたのは、次のようなときでした。

七月に行われた五年生の千葉県岩井海岸での臨海学校でのこと。「おおい！　そこから出てはだめだよ」、海のなかの監視台の上から指示が飛びます。声の主はＰＴＡ本部役員ＯＢで組織する「やばね会」会長の豊田さん。もう一方の監視台には現ＰＴＡ会長の渡辺さん。砂浜でのスイカ割りやお汁粉のときにも、率先して活動に加わっていただきました。

なぜこのように熱心に奉仕活動してくださるか、不思議に思いました。たいへん失礼だとは思いましたが、「なぜですか」と聞くと「子どもが喜んでくれればそれでいいのです」という答えが返ってきました。ＰＴＡとそのＯＢの会は校庭の砂場や的当て板も自主的に修繕して下さるのです。

十月、待ちに待った運動会があります。運動が得意な子も不得手な子も笑顔になってくれればいいのです。わが子が、地域を背負う子どもが力一杯運動することが素晴らしいのです。

たとえ、かけっこでビリになっても、リレーの選手に選ばれなくても、たいした問題ではないのです。親が地域の方々が「よく頑張った」と大きな拍手をプレゼントしてくれればいいのです。大切なことは、勝つ喜びや負ける悔しさを味わいながら成長することなのです。さらに、運動は苦手だけど、応援は得意だよ、組み体操は得意だよと堂々と言ってくれる子が存在することが大切なのです。

保護者の方やＯＢの方は、子どもの運動会を見ながら、遠く自分の頃の運動会に想いを馳せます。多くの大人がこの運動会の運営を支えています。幼い日、お世話になったおじさんやおばさんの顔、美味しかったおにぎりや海苔巻き、こうしたことを家庭でも話題にすることで、きっとよき「伝承力」は子どもに伝わっていくのです。

6章　特別支援学級と脱北者支援

1　夢のようです

私には、今でもとても大切にしている手紙があります。

「校長先生、心よりお礼申し上げます。

まさかこんな日が来るとは思いませんでした。わが子が夢の島陸上競技場で百メートルを走った姿は、夢のようです。生涯忘れないでしょう。

わが子が誕生したときに、障害児と分かったときはショックが大きすぎて動揺してしまいました。そして、その日から闘いが始まったのです。自立させることを念頭にしつけました。とにかく元気に育ってくれと祈りながら過ごしました。

大沼校長先生はプールも一緒に入ってくれました。遠足も一緒に行って下さいました。『○

○君の障害も一つの個性ですよ』と笑いながら話してくれました。校長先生の一言一言が私の背中を押して下さいました。

毎日が悩み苦しむ日々でした。だから、夢の島陸上競技場で行われる六年生の連合運動会に参加するとのお知らせは、何かの間違いではないかと学校に問い合わせしました。事実と分かったとき、涙が自然と溢れていました。

これからも、子どもと一緒に歩んでいきます。本当に大きなプレゼントをありがとうございました」

お母さんからいただいたこの手紙は、私の宝物です。この手紙に至るまで、いくつかの乗り越えるべき山がありました。

「夢の島競技場で走らせたい」

「大沼さん、なかよし学級の子は○○スポーツ会館で室内運動会をやったのだから、陸上競技場では時間のロスになるよ」「私は計算しています。体育部長も競技会の運営委員長もやりました。大丈夫です」

この話し合いは、江東区の校長全員が集まる自主的な定例校長会の場でした。私は、先輩の校長先生方の意見をもはねつけました。私は、当時、豊洲小学校の校長・特別支援学級の校長・豊洲幼稚園の園長と三足のわらじを履いていたのです。特別支援学級は「なかよし学級」とも呼ばれていました。担任から「夢の島競技場で走らせたいのですが、駄目でしょうか」との話が上がりました。私は心のなかで「よし、やろう」と即決しました。私が判断や決断で迷うときは「わが子ならどうする？」を基準にします。

保護者の方々の了解もいただきました。特別支援学級の校長さんたちからも了解をとりつけました。そして、定例校長会に臨んだのです。

連合運動会当日は快晴でした。○○君も健常児と一緒に整列します。問題は「スタートのピストルの音」でした。音におびえて、両耳を指でふさぐ子もいたからです。スタート地点には、担任も付き添わせ、競技委員には、気にしないで運営するように伝えました。

豊洲小学校にある「なかよし学級」から参加した六年生五名はともに走り切りました。競技場の長い百メートルを颯爽と駆け抜けたのです。

○○君は百メートル二十二秒でした。最下位

でしたが、走り終わった姿は、とても頼もしく見えました。その子は現在、働いています。汗をかきながら自分の足で人生を歩んでいます。

2 ダウン症

「男の子ならアダム、女の子ならイブと名前をつけたい」と、近く子どもが誕生する若い教師が、うれしそうに語っています。初々しくていいなと思って見ていました。

その一週間後、「校長先生、▽▽先生の様子がおかしいです。だれとも話さずに職員室の机に泣き伏しています。至急、来て下さい」との内線が入りました。彼に会った瞬間、「これは尋常ではない」と思いました。校長室に連れてきて、事情を聴きました。「女の子が誕生しました。医者からダウン症の疑いがあります」と告げられたと話しました。喜びの世界から一転、ショックに打ちひしがれたそうです。妻も泣いてばかりだと話していました。

私は、病院に行って、薬を処方してもらうよう話しました。しかし、草加までの帰りの道中が不安なので、私が一緒についていきました。草加の駅前の喫茶店で、病院帰りの彼に話をしました。

私が三年間いたニューヨークでは、ダウン症の子どもたちはひどい差別を受けることなく社会のなかで生きていること、現在の学校にいる△△先生のお子さんもダウン症であることなどを話しました。

私の知人にこの話をしたところ、「実は私の弟もそうだった」と言う。何度かお世話になっている印刷屋の社長は「私の長男もダウン症です」と話してくれました。

後日、こうした方々に学校に来てもらい、校長室で彼と話し合いをしてもらいました。皆さん、明るく話してくれました。彼は、自分だけがこうした不幸に見舞われたと思っていたようでしたが、皆さんの話を聞いて心の氷が解けるように少し明るくなりました。私は、自分が校長だった特別支援学級での出来事や、現在、そうした障害者たちが社会のなかで自立して働いている様子を話しました。そして、夫婦が孤立しない生き方をするようにと言いました。

ダウン症の原因は染色体異常ですが、そうなる原因はよく分かっていません。その事実を受け入れて、子どもとともに力強く歩むように話したのです。しばらくして、彼の奥さんが生まれて間もない娘さんを連れて挨拶に来てくれました。聡明そうな奥さんで安心しました。娘さんはにこにこと笑顔をふりまいてくれています。

「お嬢さん、あなたはよいご両親のもとに生まれて良かったね」と心の声で伝えました。「あなたのお陰で、あなたの両親は人間として成長していますよ」と付け加えました。

3　ショコラボ万歳

ショコラボの想い

皆さんは「ショコラボ」を知っていますか。「ショコラボ」とは、「ショコラ」（チョコレート）とラバトリー（工場）が合わさって作られた造語です。

インターネットに掲載されている「ショコラボの想い」を書いてみます。

「全ての人々に平等に接し、障がい者・高齢者・健常者が共生するコミュニティ作りで、関与する全ての人々に物心両面の豊かさを感じられる仕組み作りで社会に貢献すること」

私が「ショコラボ」を知ったきっかけは、テレビ番組です。「ショコラボ」は、二〇一二年に伊藤紀幸・祥子夫妻によって設立されました。私は、世の中にはエネルギッシュな方がいるものだという感想を持ちました。

バレンタインデーが近づいたある日、横浜での研究会の帰りに歩いていたランドマークタワーで「ショコラボ」の店頭販売を見つけたのです。職員にも食べさせたくて、少し多めに買いました。持って帰るにはかさばるので、近くのコンビニから郵送することにしました。

すると、スタッフの方が慌てて走ってきたのです。「失礼でなければ、お名前を頂戴したい」とのことです。私は名刺を渡しました。

数日後、学校にチョコレートが到着します。職員に食べてもらいました。職員室がよい香りに包まれました。職員に、以前テレビで見た「ショコラボ」立ち上げの様子を説明しました。障害者の一か月の工賃が余りに低いことに驚いて、自分たちで設立したのです。伊藤夫妻には障害者の息子さんがいて、息子さんが自立して社会で生きていけるようにしたかったのです。悩み苦しみ、決断されたのです。その決断に拍手を送ります。

ダウン症の娘さんを持つ▽▽先生も、ショコラボの店に行ってくれました。その数日後、理事長の伊藤さんより丁重なお葉書をいただきました。内容は、▽▽先生から話を伺いうれしかったこと、多くの先生方にまで宣伝して下さりありがとうございますとのことです。

私は「ショコラボの理念や想いが静かに広がることを願っています」と、返事を書きました。

「こころみ学園」のワイナリー

「こころみ学園」も知っておいて下さい。一九五〇年代、中学の特殊学級（現在の支援学級）の生徒たちによって開墾されたブドウ畑が出発点。その担任となった川田昇が、教頭の辞令を受けた三日後に退職、やがて当時、不足していた十五歳以上の知的障害者の更生施設「こころみ学園」を設立する（認可は一九六九年）。三十人の園生と九人の職員でスタートし、経済的自立のためにブドウやシイタケの栽培に奮闘、やがてワインづくりに挑む。

栃木県足利市、平均傾斜角度三十八度という、言わば崖でのブドウ畑とシイタケ栽培。地元の農家にも認められ、知的障害者たちの生きがいと誇りにつながっていくばかりか、学園の貴重な収入源となる。親が心中まで考えたという園生が、少々のことでは音を上げない、逞しい農夫に変わっていき、親を海外旅行に招待するまでに成長をとげていく。さらに、ワイン作りにあたっては、徹底して「品質」のみを追求した。

「現代の名工」と言われたソムリエ、田崎真也が二〇〇〇年の沖縄サミット首脳会議の晩餐会で使うワインに選んだのが、この足利市にある「エコ・ファーム・ワイナリー」で作られたスパークリング・ワイン。このワイナリーは「こころみ学園」が母体として生まれたものだ。もちろん、多くの人たちの助け・協力あってのものだが、福祉や情けではなく、「品質」で選ばれた瞬間である。

二〇〇八年の洞爺湖サミットでは、やはりここの赤ワインが選ばれた。「エコ・ファーム・ワイナリー」では毎年秋に、学園関係者や保護者、音楽家などの支援者や共鳴者、全国から訪れるたくさんの一般の人々が集まり、「収穫祭」が二日間にわたって足利市の山の麓で開催される。

このような人の輪こそが広がることを祈っています。

4　多文化共生教育研究会

「大沼、お前に多文化共生教育研究会の会長をしてほしいのだ」と恩師、鈴木啓介先生からの頼みです。場所は、私が初めて校長となった、江東区立豊洲小学校の校長室でのことです。

鈴木啓介先生は、私が育った伊豆大島にある、都立大島高校三年生のときの担任の先生です。志望大学に落ちた私を見て、父親は喜んでいたようでした。なぜなら、父は私に漁師になってもらって将来は漁協の組合長になってほしかったからです。一方、母親は、先生に頼んでなんとか受験できる学校を探してくれるよう依頼しました。魚の量も次第に減ってきて漁業もどうかと母親は内心、思っていたようです。

鈴木先生が二次募集の学校を探して下さり、私の大島からの脱出は成功したのです。ですから、恩師の言葉は絶対です。こうして、多文化共生教育研究会との付き合いが始まったのです。

多文化共生教育とは、日本に国際化の波が押し寄せるなかで、学校現場において国際色豊かになった子どもたちへの教育の問題、外国から来た子どもと日本の子どもたちとの共生の課題を考えるというものです。教育関係者や研究者、保護者、ボランティアの人から構成される非営利NPO団体です。

「オールドカマー」とは中国からの帰国者、ブラジル移民の関係者。

「ニューカマー」とはフィリピンやベトナムからの入国者。

小錦先生・角田先生からは、夜間定時制高校の厳しい現状を教わりました。夜間中学の実態、地方のブラジル人学校の状況についても教えていただきました。

当時、立教大学の社会学の教授である佐久間孝正先生からは、グローバルな世界の見方を教わり、日本における外国人の不就学を研究されておられました。

十年間、会長を務めましたが、恩師・鈴木先生の退官をもって、会長職を退きましたが、いまも一会員として学んでいます。

5　脱北者支援

「大沼君、脱北者を受け入れて欲しいのだ」、高校時代の恩師、鈴木啓介先生からの電話でした。また、移民政策で有名な坂中英徳先生の紹介でもありました。「分かりました。一度、会いましょう。どうぞ、学校にいらして下さい」と答えました。

早速、次の日に来校されました。祖母に当たる人が川崎栄子さん、この方は在日朝鮮人の方で、その娘さんが李ソラ、その長女は李ナリ、長男は李カンです。

北朝鮮を脱北してから、中国に一年滞在して、やっとのことで在中国日本大使館に駆け込んで日本にたどり着いたそうです。早速、受け入れ準備に入りました。

まずは部屋の確保です。要保護の支援には限界があります。四人が住めるアパートの部屋を見つけました。でも生活するには、カーテンや冷蔵庫、テレビや洗濯機など、そろえる必要があるなと思っていたところ、たまたま用務主事の妹さんのご主人が亡くなり、引っ越しをしなくてはいけないので、電気機器がいらないと言ってきたのです。

次の週の土曜日、男性職員が車を使ってこの電気機器を引き取り、部屋に入れます。一方、カーテンや洋服は女性職員が調達してくれ、子ども用の服はＰＴＡの役員に声をかけて、そろえたのです。

李ナリさんは六年生、李カン君は四年生に転入しました

さらに、生活の行動範囲を広げるためには自転車が必要ではないか、ということになりました。北朝鮮では、自転車は高級品であり、全く乗ったことがないということですが、シルバー人材センターに電話して、リサイクル自転車を安く譲ってもらいました。

次は、放課後の校庭で「自転車に乗る」ための本格的な練習が始まります。「頑張れ、頑張れ」と見学している子どもたちの応援の声がこだまします。

「お婆ちゃん」の川崎栄子さんは、たいへん博識の方です。北朝鮮での生活や脱北に至る体験を本にして出版されました。社会主義で生活が豊かになると言われ、新潟から船で北朝鮮に渡ったが、そこでの生活は「資本主義圏から来た危険分子として扱われ、厳しい差別と監視の対象であったこと」、飢饉のときのすさまじい体験など、が語られています。

私は公立学校の校長ですから、政治的な判断やコメントはできません。あくまでも、子どもの教育の全面的支援に力を注ぎました。

長女のナリちゃんと話をしました。「校長先生、食べ物がない人たちが次々に亡くなって、駅のところで凍って積み上げられていました」と語ってくれました。「日本に来てよかったですか」と聞くと、うれしそうにうなずきました。

お母さんのソラさんは大学で学び就職するそうです。長女のナリさんは大学生になりました。カン君は高校生になり、部活と勉強をがんばっています。

日本と北朝鮮、政治的には難しい問題が横たわっていますが、いつの日にか、様々な壁が崩れ、彼らが交流の架け橋となってくれることを願っています。

「いま、こうして暮らしていられるのも校長先生のおかげです」と川崎さんに言われますが、私のほうこそ彼らからたくさんの勇気をいただきました。

7章　ボランティア活動

1　一枚の毛布

百円でどうですか

「校長先生、毛布ありがとうございます。日本に来て一番温かい夜でした」。女の子は、はにかんだまま、うれしそうに伝えてくれました。この女の子は、中国の残留孤児一家のひとりとして日本に帰国したのです。

日本語も一生懸命勉強して、日常会話には不自由しなくなりました。表面は明るくしていたので、順調に周囲に溶け込んできているとばかり思っていました。

ところが、一枚の毛布に感動してくれたのです。この毛布は、私が大会委員長を務めたボランティア活動のバザーで販売していたものです。地元の方々はあっさりと素通りしていきます。家に行けば、いくつもあるはずですから。しかし、彼女のお母さんが、毛布の前を何回も行ったり来たりしていたのです。不審に思った係の人が、委員長の私を呼びに来たのです。お母さんに話しかけます。

「何か、お困りですか」

「値段は下がりますか？」

「いくらお持ちですか？」

「五百円です」

私は、「それでは百円でどうですか」と聞くと、うれしそうに何度も何度もお辞儀をされました。「一緒に来られたお知り合いやお子さんにもお安くしますから、遠慮しないで欲しいものを言って下さい」と話しました。スタッフにも事情を話しました。

自転車に山ほど積んで、親子で押して帰ったそうです。その光景を想像すると、涙が溢れてきます。バザーを開催して本当によかったと思いました。

あの少女からの手紙

あの女の子も高校生になりました。高校受験の勉強も塾などへ行かず独力で頑張って志望校に入学しました。私はその少女に「高校合格おめでとう」の手紙を書きました。

すると返事が届きました。「校長先生が私に話して下さったことを覚えています。校長先生は、大学生にも必ずなって就職し、日本と中国の架け橋になって人々の心を豊かにしてくれよと話してくれました。その約束を必ず実現します」と書いてありました。しっかりと先を見据えて、歩んでいることがとてもうれしく思いました。

毎年、彼女から届く年賀状が楽しみです。ちなみに、平成二十六年（午年）の正月に届いた賀状には、次のように書かれていたのです。

「明けましておめでとうございます。

大地を力強く駆け抜ける馬のように歩んでいきます」

怪我した子を助けられる子

物が豊かになったと言われる日本です。しかし、様々なところで苦しい生活を余儀なくされている人がたくさんいるのです。それでも、ひたむきに生きている人がいることを忘れてはいけません。

「一枚の毛布」は、小学校の教育に携わる私に様々なことを教えてくれます。

私が校長している学校に、ユニセフ活動に一生懸命に取り組んでいる小学生がいます。困っている人に手を差し伸べることを小学生段階からできるって、とても素晴らしい体験です。自分たちと同時代に、世界では病気や飢餓に苦しむ子どもたちがたくさんいることを知り、彼らと共感しようとする気持ちは大事です。こうした気持ちを大切にしなくてはいけません。

十二月の寒い日のこと、校庭で転んで膝をすりむいた低学年の子を高学年の子が保健室に連れて行ってくれました。美しい光景だと思い、早速、保健室に行き「えらいね」とほめました。

目の前で怪我をした子や、何か困っている子にすぐに手を伸ばして助けて上げられる子はいい子です。恥ずかしがらないで、自分でなくとも、他の子がやるだろうと思わないことです。「まず自分が動くことを考えよ」、そうした行為を必ず見ている周りの人々にも好影響を与え、次のときは別の人が自然と動き出します。助け合うことが自然にできれば、笑顔の鎖が広がっていきます。

たとえば、杖を突いたお爺さんが電車に乗ってきました。電車の中の座る席はどこも一杯です。私はだれかがきっと席をゆずってくれると思って見ていました。しかし、だれも譲る気配がありません。全員が沈黙したまま時間が流れようとしています。「ご不自由なお年寄りに席を譲ってくれる人はいませんか」と私が言いましたら、一人の若い女性が立ち上がって譲ってくれました。老人は頭を下げながら座りました。こんなとき、寝たふりをする若者がいますが、これは感心しません。

ニューヨークとかヨーロッパでは、老人に席を譲ることは当然のことです。日本でも、電車やバスに必ずシルバー・シートがあるではありませんか。朝のラッシュアワーで目の前に妊婦の方（鞄にマタニティマークをつけておられます）が立っているのに、平気な顔をして座っている人がいます。こうしたことは、外国から来た人にすれば、とても奇異に見えます。いくらゴミが少ない町であっても、お年寄りや妊婦を大事にしないようでは、いい国だとはとても認められません。

住みよい社会の原点は、子育てにあります。小さいときから、譲り合い助け合うことを親が実践すれば子どもは必ず見習います。親がゴミを拾ったら、必ず子どもも拾います。

交差点で止まっている車が走り出すときに、車窓から歩道に向かって火がついたままのタバコを投げ捨てる人がいます。あるいは歩道を走る自転車から火のついたままのタバコを、ポイと投げる人がいます。もしタバコが服にくっつくととても危険です。これは犯罪と言えるかもしれません。また、これだけ世の中で二酸化炭素の削減が騒がれているのに、この人は無知なのか無関心なのか。火がついたタバコでは二酸化炭素が出るでしょう。私はそうした場面に遭遇したら慌ててタバコの火を消しますが、相手に注意しようと思っても、もう車も自転車もはるか先に行っています。

2　YMCA

一九八一年の四月、私は文部省の海外派遣教師として、ニューヨークのケネディ空港に降り立ちました。ニューヨーク補習授業校の分校の校長のような仕事です。その年の五月、ニューヨークのカーネギーホールの前にある日本人クラブの一室から、大きな声が聞こえます。声の主は、NHKテレビの「母と子の水泳教室」という番組で指導されていた、本間立夫先生と分かりました。私は、教員になってから水泳指導員の資格をとりましたので、本間先生とは顔見知りでした。

「なぜこのニューヨークで」という思いから、思い切ってご挨拶に伺いました。話を伺うと、本間先生は東京YMCAの職員として、ニューヨークの在留邦人のために水泳やキャンプのための指導に来られているということでした。

「お前がニューヨークにいるなら、ちょっと手伝ってくれ」ということになり、ニューヨークでの私の休暇は、サマーキャンプやスキーキャンプや水泳教室の手伝いをボランティアとしてやることになったのです。

三年間のニューヨーク任期を終えて帰国した後も、YMCAとの関わりは続いています。

かれこれ三十五年になります。ボランティア活動というのはだれかの役に立つ活動と思われがちですが、私は自分自身が学ぶ場だと思っています。先の「一枚の毛布」のバザーも、YMCA主催のものです。私が赴任した学校の仲間にも、こうしたボランティア活動に誘い参加してもらっています。

バザー、餅つき、書道の指導、マラソン大会などの手伝いをしています。学校という枠組みを離れ、様々な人との出会いがあり、またネットワークが広がります。誘った多くの教員も、教室ではない世界で生き生きと活動しています。こうした体験もまた、教室に戻ってくるのです。

3　丸木美術館の「原爆の図」

私の恩師の鈴木啓介先生のご縁で、丸木美術館と出会いました。丸木位里・俊夫妻が描かれた絵「原爆の図」が、ここ丸木美術館にあります。この絵は、世界的にも高い評価を受けています。

私も、初めて「原爆の図」の前に立ったときの衝撃はいまでも忘れません。立ちすくむとは、あのような状態をいうのでしょう。

私はニューヨークに三年間いました。マンハッタンからハドソン川沿いを北上するとウェストポイントに着きます。ここに全米のエリートが集まっている、陸軍士官学校があります。私も見学に行きました。見学コースのなかに「原子爆弾」が展示されています。そこには「広島・長崎への原子爆弾の投下によって、日本の降伏が早まった」と書かれています。原爆の悲劇や悲惨さにには、全くふれていないのです。

私は、世界で唯一の原爆被曝国である日本は世界に発信する義務があると思っています。「戦争反対」に異を唱える人はいないでしょうが、私は、さらに一歩踏み込んで、「なぜ戦争が起きてしまったのか」を深く考えてほしいのです。

教師が子どもに与える影響は大きいです。そして、教師自身、確固たる信念をもって教育に当たらなければいけません。私が校長として赴任した学校では、平和教育の一環として社会科見学を企画しています。江東区北砂にある「戦争資料館」、江東区夢の島にある「第五福竜丸」、墨田区横綱にある「東京都慰霊堂」、そして埼玉県松山市にある「丸木美術館」を見学します。これを、小学校の高学年のときに訪ねるのです。

教師は子どもに様々な影響を与えます。「こうしなさい」「これはいけません」と断定的に指導するのではなく、子どもの心を耕し、将来、自分自身が考えて歩める子を育成すべきだと思います。そのためにも、教師自身がみずみずしい感性をもち、何にでも挑戦する姿勢を持ち続けてほしいのです。
丸木美術館は、そうした刺激を与えてくれる場なのです。
「原爆の図」の正面に立ってみて下さい。

4　丸木美術館に六年生を連れていく

沈黙、凝視、怒り、震え、混乱

子どもたちは「原爆の図」の前で様々な表情を見せる。私は、その姿を見て丸木ご夫妻にこう報告する。「お二人のご遺志が確実に伝わりましたよ」と。

六年生を引率して丸木美術館を訪問して三年が過ぎた。多くの子どもが丸木美術館で学び、中学校に巣立っていった。なぜ、私が丸木美術館に関わるようになったのか。それは遥か遠い、昔の青春時代にヒントがある。私は、伊豆大島で育ち、高校時代ものんびりと過ごしていた。そんな高校に、やる気満々の新進気鋭の教師が赴任してきた。倫理社会担当の若き鈴木啓介先生だった。勉強よりクサヤを焼いて食べていたほうがよいといった風土のなかで、熱く語る教師だった。

「人は、どのように生きるべきか」

「過去の悲惨な歴史から学ぶべきものは何か」

「なぜ、ホロコーストは起きたのか」

静かに自分と向き合わせる授業だった。いつも自分で考え行動させる教師だった。私が、高校を卒業し東京に出てきてからも、ずっと尊敬している教師です。

その鈴木啓介先生から「丸木美術館に来てみないか」との誘いを受け、三年前、子どもたちを引率して行ったのである。私は、圧倒された。文字のない一枚の絵。音声も映像もない一枚の絵。その絵が、静かに強く訴えてくる。

「戦争はなぜ生まれたのですか」

「平和な市民がなぜ原爆の被曝に会わなければいけなかったのですか」

「この哀しみはだれに向ければいいのですか」

「この怒りは、だれが鎮めてくれるのですか」

次から次へと、私の胸に突き刺さってきた。私は、静かに呼吸していた。

「なぜ小学生を丸木美術館で学ばせるのか」と問われたら、私はただこう答えたい。圧倒的な絵の前に、黙って立たせてやりたかったからと。意義や意味や答えは、それぞれの子どもが探してくれるだろうと。

一見、この答えは無責任のようにとらえられるかもしれない。しかし、この多感で感受性をもったこの時期の子どもだからこそ、将来の日本社会の担い手であり、未来を託す社会の一員であるからこそ、「原爆の図」と出会わせてあげたいと思ったのです。

そのときは、よく分からないかもしれない、でも「なぜ」「どうして」という疑問は確実に子どもの心に響き、反響するであろう。後でその答えは考えればよい。ゆっくりとゆっくりと。

無言の絵は、子どもの豊かな感性に響き、魂の中核にまで届き、生涯にわたって静かな好影響を与えることと信じている。訪問後の子どもたちの様々な感想は、こうした私の考えを裏づけている。

どの子どもも、戦争の悲惨さと直面し、平和であることの大切さ、平和であり続けることの重要性と意義を心の奥底で理解する。差別や偏見のない社会は、だれもが望んでいることだが、子どもは、未だに解決していないことを知っている。国境・人種・民族・宗教・言語など様々な違いを乗り越えて、お互いを理解しあえる方法を模索していかなければ、本当の意味での平和な社会が訪れないことを理解していく、そのきっかけとなる感想を子どもたちはもらしている。

現在、日本のマスコミには「格差社会」という言葉が溢れている。経済優先、経済至上主義が世界を席巻している。多くの人々が、経済の豊かさが心の豊かさにつながると錯覚している。かつて、ギリシャの船舶王と言われたオナシスは、亡くなる前に、入院していたスイスのベッドでこう言ったそうである。「黄金の向こうに幸せはなかった」と。

私は、本当の幸せは人と人とが理解し合い、譲り合い、施し合い、分け合い、尊敬し合い、慈しみ合い、学び合い、笑い合ったときに生まれるものだと考えている。私は、小学校教育のなかで、そうしたことの「根っこ」を感受性の高い感性でもって体感させたいと願っている。子どもたちがこれから、精神的に逞しく心豊かに生きるときの道しるべの一つが、丸木美術館にはある。物質的な豊かさからもたらされるものや、バーチャルなゲームの楽しみを超えたものがここにある。この世における、そして人生における「本物」を味わせてやりたいじゃありませんか。子どもたちがやがて成人していくと、様々な困難に遭遇して、迷い悩み苦しむだろう、まさにそのとき、荒れた海から遠くに見える灯台の「灯り」のようなものが丸木美術館のこの絵にはあるように思う。

生涯を通して、季節を超えて訪れて欲しい場所である。私は、これからも子どもたちを引率していく。

静かに絵の前にたたずむ子どもの姿は気高く美しい。

8章　人は人の中でこそ育つ

「人は人の中でこそ育つ」と私は考えています。多くの人と関わり、生きる意味を考えたり、自分の生き方を見直したりするのです。とかく、教師は学校と家の往復になりがちです。また、学校関係者との付き合いが多くなりがちです。

私の人格に、大きな影響を与えた人は両親を始め、数限りがありません。なかでも、教師としての私の人生で大恩人と思っている方々を本章で取り上げました。町の中で、ひっそりとこつこつと生きている人たちです。目を閉じて、耳を澄ませると多くの方々の「生きる知恵」の言葉が聞こえてくるのです。なかには、すでに故人となっている方もいます。しかし、私の心の中では生き続けているのです。

教師の皆さんは、ときに悩み苦しみ、歩む道さえ見えなくなることがあるでしょう。そのなかでも決断しなければいけない、最良の道とは何か探して、決めなければいけない。そうした模索をするときに、実は、ヒントを与えてくれる人たちが身の周りにいらっしゃる、市井の方でいらっしゃる、教師でない人にいらっしゃることに気づいてほしいのです。

むきにならずに、もっとゆったり歩みなさいと静かに語ってくれる人たちを紹介します。私は、この方々のお陰で困難を困難とも思わずに歩めました。私の人生を豊かにしてくれました。実り多いものにしてくれました。この本のなかで、私が一番伝えたいものが凝縮されています。私の感謝の心が注入されています。

教師の皆さんも、それぞれの土地で人生の師匠を見つけて下さい。悩み苦しむときは、遠慮しないで門をたたいて下さい。きっと、温かく迎え入れて下さることでしょう。

「人は人の中でこそ育つものです」。謙虚に生きること、人のために生きること、感謝して生きることを教えてくれます。さらに、あなたが教師として、人間として生きていることは素晴らしいことなのだと気づかせてくれます。

私は、この文章を書くとき、涙が自然と溢れてきました。文字が滲んで見えました。私が、今を元気に生きていることは多くの方々の善意のお陰です。校長として歩めたのは、多くの教師のお陰です。この瞬間も感謝しています。

島国根性同士の会会長　本間久男

「先生と私は島国根性同士ですね」と思わず問いかけたその方の名前は、本間久男さんです。当時の大蔵省（現財務省）で、国税の仕事をされていました。退職後、税理士の仕事をしながら、若手の企業家のお手伝いをされていました。出身が佐渡と聞いて親近感を覚えたのです（島国根性とは、都会などの風潮にふりまわされずに、のんびりとすくすく育ったというい意味でここでは用いています）。

私は、一度だけ佐渡に行きました。季節は冬で、日本海は強風が吹き荒れていました。船内放送で、山のほうの道は雪のために通行止めになっているとのことでした。私は、伊豆大島出身ですが、佐渡島は比べ物にならないくらい大きな島でした。

本間さんは、佐渡の赤泊《あかどまり》という村の出身です。本間さんが高校を卒業されて島を後に船に乗ったとき、どのような思いだったのかを想像しました。不安と期待と寂しさが混じり合って、涙がにじんだでしょう。そして、新潟から列車に乗って東京に来たのです。

生前、余りお話はできませんでした。なぜなら、肺がんになられたからです。末期がんと分かってから、あるお寺に行きませんかとお誘いしました。「ありがとうございます」と丁寧なお返事をいただきました。

そのお寺には、佐渡の石工が彫った子育て地蔵が何体もありました。本間さんに見てほしかったのです。佐渡の息吹を感じてほしかったのです。穏やかな表情で眺めておられました。静かに一言「来て良かったです」と言って下さいました。伊豆大島にある私の居間には、そのお寺で一緒に撮った写真が飾ってあります。

本間さんの家族から、死期が近いので一度会って下さいとの連絡が入りました。急いで駆けつけました。静かにベッドで横になっておられました。意識は、少し混濁していたようです。

「本間さん、今生《こんじょう》の別れに来ました」と言いました。そして、私が勝手に作成した「感謝状」を読みました。仕事の合間に書いたのです。

◇◇◇◇◇◇◇◇◇◇◇◇◇◇◇◇

感謝状

本間　久男　殿

大正十年四月二十七日生まれ

あなたは、佐渡で生まれました。厳しい自然の中で勉学に励み、東京に出てきました。

東京の専門学校で必死に学び、税理士となりました。多くの方々と切磋琢磨して、努力に努力を重ねて出世しました。

一子様と結婚され、一男一女をもうけました。二人ともあなたの深い愛を受け成長しました。長男は商社マンとなり、世界を駆け巡っています。長女は後輩に慕われる実力者になりました。

あなた自身も多くの部下を育てたはずです。人を見抜く鋭い眼力は努力と経験の賜物です。

家族をはじめ　多くの方々があなたとのご縁に感謝しています。ここに　あなたへの感謝の気持ちを表します。

平成二十四年五月二十日

大沼謙一

◇◇◇◇◇◇◇◇◇◇◇◇◇◇◇◇◇◇◇◇◇◇◇◇◇◇◇◇◇◇◇◇◇◇◇◇

意識のあまりないなかで、本間久男様は力強い握手を返してくれました。私が病室を出るときベッドを振り返って「親父さん、敬礼をします」と言い、右腕を上げると、彼も、奇跡的に右腕を上げて敬礼してくれるではありませんか。

後日談で本間様の誕生日が大正十年ではなく昭和十年と知りました。私の父親（やはり「親父」と呼んでいました）が大正生まれだったことから、思わず筆が走ってしまったのでしょう。

本間さんの墓参りしたときに、謝罪しました。墓石には、生前自分で決めていた言葉の「再会」の文字が彫られてありました。本間さんらしいなと思いました。

島国根性の魂は今も私の心のなかに息づいています。いつか天国で互いに島自慢をしたいと願っています。

私の親分　朝倉皓之

「大沼、俺が小さいときの夢を知っているか。俺はな、トラックの運転手になりたかったんだ。なぜだか分かるか。運転席はエンジンが近くて暖かいんだよ」

私は、このときの会話でいっぺんに好きになりました。朝倉さんは、下田で生まれ育ちました。幼いときに父親が亡くなり、東京に出てきたのです。

母親は、ある代議士の後妻に入りました。

転居してきた場所は、江東区の東陽一丁目でした。トラックの後ろで凍えながら神棚にお供えする「さかき」を配達する姿を想像しました。そして「この人は苦労している人だ。

人を裏切らない人だ」と思ったのです。会話をしていた時期は、平成四年の五月でした。

私が、教頭に昇任し赴任した学校は江東区立南陽小学校でした。朝倉さんは、南陽小学校の元PTA会長さんでした。それから可愛がっていただきました。

ある相撲部屋の千秋楽の打ち上げにも行きました。そこには、各界の多士済々の方々が参集していました。そこで、多くのご縁が生まれました。学校という一つの枠ではない、民間の企業の方々との話も聞くことができました。国会議員や都議会議員の方々ともフランクに話すことができました。

年に二回、朝倉さん主催の大きなパーティーがあります。「大沼、お前の仲間も連れてこい」と言われ、管理職を中心に声をかけ、参加するようになりました。

その仲間が十数人になったとき、司会者が「大沼組の皆さん、壇上にお上がり下さい」と紹介されました。「私たちは、暴力団の組ではなく、学校関係者ですので教室の〇〇組だとご理解下さい」と壇上で念押ししました。

初めて参加してから、二十四年が経ちました。相も変わらずに目をかけて下さっています。ありがたいことです。

朝倉さんは、多くの会社の会長を務めています。教育関係者の我々とは、何の利害も生まないのです。それでも、可愛がってくれるのです。朝倉さんは地域の様々な行事でも中心的な存在です。特に、神輿《みこし》の世界では大きな影響力を持っています。そこで、神輿の世界の方々とのつながりも作ってくれます。世界が次から次へと広がるのです。

朝倉さんの誕生パーティーの席で壇上に上がった仲間は、全員、副校長や校長職を務めています。威張らずに謙虚にやっています。朝倉さんは多くの企業の方々との付き合いもあります。その忙しい合間を縫って、大沼組の仲間の退職の会や合格の会、昇任の会などを開いてくれます。

悠々自適の生活を送ってもいいような境遇ですが、まだまだエネルギッシュなのです。朝も早く起きて、一仕事をしているようです。朝倉さんのご縁で、オスマン・サンコンや相撲の尾車親方や金原亭伯楽師匠とも出会いました。こうした方々に、多くの学校で講演をしていただきました。

朝倉さんとお付き合いをさせていただいて気づいたことは、朝倉さんは、お金や財産を残すのではなく、人を育てて残すということでした。大沼組のみんなも、朝倉さんの前で恥じないように、それぞれの学校で活躍しています。そして、毎年、管理職を育てて、尻を叩いていています。そのことを朝倉さんに話すと「良い話をありがとう。うれしいな」と言ってくれます。苦労する人を高く評価してくれます。

朝倉さんとの出会いがなければ、私は一般企業の方々とのお付き合いも生まれていませんでした。「教師は世間知らず」「教員の常識は社会の非常識」と言われたこともあります。朝倉さんは、私たち教員の世界から見たら、社会学の名誉教授に値します。厳しさと優しさを持ちながら、戦場のような一般社会のなかを、正々堂々と歩んでいるのです。生涯尊敬し、末席を汚しながら歩んでいきます。

ギニアの兄弟　オスマン・サンコン

♪「飲めと言われて素直に飲んだ　肩を抱かれてその気になった」

ある相撲部屋の千秋楽の打ち上げのカラオケで、細川たかしの「浪花節だよ人生は」を日本語で熱唱していたのは、オスマン・サンコンさんでした。そのとき、サンコンさんと知り合ったのです。年齢も近いこともあり、親しくなりました。様々な学校での講演会もお願いしました。

「なぜ、日本にはいじめがあるのですか」

「なぜ、不登校があるのですか」

あっさりと聞いてくるサンコンさんの言葉は、胸に突き刺さります。私は、サンコンさんをタレントとしては見ていません。ギニアの首都にある国立コナクリ大学を卒業、パリにあるソルボンヌ大学へ国費留学をされたエリートとして見ています。日本にギニア大使館を設立するために来日されたのです。

テレビの「笑っていいとも！」に出演されてから芸能人としての活躍が始まったのでした。一見派手に見える芸能活動ですが、サンコンさんは、様々なボランティア活動を行っています。

二〇一一年三月十一日の東日本大震災のときも真っ先にラジオに出演して、支援を呼びかけ励ましてくれました。同じ日の三月十一日がサンコンさんの誕生日というのも、不思議な縁を感じます。

サンコンさんは、身体障害者手帳の二級をもっています。これは、サンコンさんがギニアの高校生のときに、サッカーで右足首をタックルされ骨折した影響です。

サンコンさんはイスラム教徒ですが、お酒を飲んだときに「おいしい飲み物」と思ったので、ほどほどに飲みます。同じく、豚肉を口にする習慣がなかったのですが、かつ丼を豚肉と知らずに食べて「おいしかったな」と思ったそうです。

東京の墨田区の緑小学校で、全国の学級経営の大会がありました。全国から、緑小学校に教師が集まりました。サンコンさんは忙しいなかスケジュール調整して、来てくれました。全国から集まった教師は、大喜びです。

「日本の教育は素晴らしいよ」といつも誉めてくれます。サンコンさんは、北は北海道から南は沖縄まで、日本全国を駆け回っています。パワフルで凄いなといつも感心してしまいます。

先日「サンコン氏来日四十五周年記念パーティー」がありました。私も参加しました。各界からの著名人が祝辞を述べていました。交遊範囲も広いです。

私は、ときどき考えます。「もし私がギニアに行ったとしたら、サンコンさんのようにバイタリティーあふれる活動ができただろうか」と。異文化の中で、生き抜くことは素晴らしいことです。同時に、ストレスのたまることです。

サンコンさんの様々な話には、笑いの渦が起こります。たとえば、来日して初めて通夜に参加したとき､前で日本人がお焼香をして「ご愁傷様でした」と言っているのを聞いて､「ご馳走様でした」と言っているのだから、きっと何か食べていると思ってしまったのです。そこで、見よう見まねで抹香を口に入れてしまった。むせかえってしまい、苦しかったそうです。味は「酸っぱかった」そうです。

サンコンさんの講演会は、どこでも大評判になります。「ギニアでは村のお年寄りが亡くなると、図書館が一つなくなった」と言うのだそうです。お年寄りを敬う習慣が自然とでき上がっているのです。

サンコンさんは、ギニアに「サンコン学校」を作っています。ギニアと日本の国旗を掲揚して、掃除も給食も取り入れて経営をしているそうです。日本式の良さを積極的に生かしているのです。

私はいつの日かギニアに行って、ボランティアとしてサンコン学校に貢献したいと思っています。いつも「大沼の兄貴は凄いよ。たくさん素晴らしい校長先生を育てているよ」と言ってくれています。しかし、サンコンさんの偉大さに比べたら小さなものです。

自分の人生は、サンコンさんに出会って豊かになったと感じています。どうぞ、全国の学校でサンコンさんの話を直接、聞いて下さい。子どもも先生も「生きる勇気」が必ず湧いてくるはずです。

全国、どこにでも行ってくれます。教師も子どもも、地域の人もみんな喜びますよ。どうぞ、声をかけてみて下さい。

ＯＴＣ監督　君嶋光昭

ミミズが這いずったような字で書かれた、年賀状が届きました。その文字を見た瞬間、私は、涙が溢れて文字がかすんでしまいました。

それは、大田区教員野球部監督の君嶋先生の字だったのです。私は、昭和五十年に教員になりました。最初の赴任地は大田区立羽田旭小学校でした。私が野球を好きだという情報がどこかに漏れて、監督より連絡が入りました。

君嶋監督は、大田区立萩中小学校に勤務していました。校庭が広い学校でしたので、練習はいつも萩中小学校でした。練習は笑いの渦でした。そして、終わると一杯が始まるのでした。

ＯＴＣとは、大田区のＯ、ティーチャーのＴ、クラブのＣです。ユニホームもない、適当なクラブでした。それがまた、私の性にもあったのでしょう。サインは、監督が足を触ったら盗塁、ベルトを触ったらバント、時計を触ったらヒットエンドランと決まっていました。そしてたとえば、本日のキーは帽子のひさしと決めておくのです。

「帽子のひさし」がキーとは、まず最初に帽子のひさしを触ったときのみ、次に触る足やベルトや時計のサインが「有効・決行」ということなのです。帽子のひさしを触らなければ「無効」です。

しかし、普段からルーズなチームだったので、キーを確かめずに走ってしまう選手が続出したのです。すると監督は、声のサインに変えたのです。相手チームにもわかる大きな声で「走れ！」と盗塁の指示をするのです。

選手が「相手にばれていますよ」と言っても、「気にしないで走れ」と言うのです。相手チームは馬鹿にされたと思い、ますます力んで、暴投してしまうこともあります。

「大沼、草野球とはこんなもの」とどこ吹く風でした。チームには、絶対的なエース、島倉投手がいました。そして、キャッチャーも大型の大谷選手でした。

ある日の試合で多摩川のグランドに行きました。監督が「大沼、キャッチャーできるか」と聞いてきました。私は「やったことがありません」と正直に答えました。すると「そうかやったことないのか。今日からお前がキャッチャーだ」と言いました。「大谷キャッチャーはどうしたんですか」と聞くと、「なんか理由があって夜逃げをしたらしい」とあっさり言いました。

島倉投手は、大田区の五部まである野球チームナンバーワンの豪速球を投げます。おまけに、カーブは鋭い曲がりを見せるのです。私は「目をつぶらないで捕る」と心に言い聞かせて、出場しました。そして、今でも忘れもしない九月になり、東京都教職員野球大会が開催されたのです。区市町村の代表がトーナメントで戦うのです。

あれよあれよと勝ち上がり、ついに優勝したのです。監督がやった仕事は、試合前にビールを飲むこと、昼飯はカツ丼か力うどんにしなさいと言うことでした（笑）。

負けたチームは、試合前も並んで走ったり、声を掛け合って準備運動をしたり、まるで高校野球のようでした。ＯＴＣの適当な態度を見ているから、悔しさは倍増したと思います。しかし、優勝は優勝です。大田区教員野球部の先輩も集まり、祝勝会は大盛り上がりしました。君嶋監督・川越コーチ・田中コーチの采配の見事さが当たったのでした。

監督は大田区蒲田にある相生《あいおい》小学校の校長を退職しました。

藤沢のほうでタクシーの運転手をしていました。「大沼、気楽でいいぞ」とよく言っていました。弱点はときどき「メーターのセットを忘れることだ。どんなに走っても基本料金だ」と豪快に笑っていました。

私は、昭和六十二年から江東区教員野球部の監督をしていました。いつの日か、ＯＴＣのようなチームを作って優勝したいと願っていました。そして、ついにその日がやってきたのです。平成四年九月、優勝したのです。草野球のメッカの上井草のグランドで雄叫びを上げました。君嶋監督にも早速、報告をしました。とても、喜んでくださいました。

毎年行う、君嶋監督記念試合は、笑いの渦が起こります。良き仲間です。今年も六月十二日に藤沢で試合をしました。監督のお陰で人生が豊かになりました。ＯＴＣはわが青春の金字塔です。

わが人生の師　秋山光洋

私が、教師になったのは、昭和五十年四月でした。東京都大田区立羽田旭小学校でした。初めての担任は、五年生でした。二クラスでした。学年主任は、秋山先生でした。お会いした瞬間、「温かそうな人だな」と思いました。秋山先生から、教員のイロハ、人間のイロハを学びました。秋山先生は、神奈川県二宮にある西光寺の住職でもあります。住職は兼業できるのです。

私にとって、毎日が学びの日々でした。

秋山先生の住んでいる二宮の海岸では、遊泳禁止で泳げないということで、大田区の羽田旭小学校まで二宮の子どもが来たりしました。また、羽田の子が芋掘りをしたことがないということで、二宮まで芋掘り遠足をしたことがありました。さらには、羽田の子に餅つきを経験させようということで、二宮までトラックで行き、臼や杵《きね》をそこに運んできて餅つきをしました。

秋山先生は、何でもやってみようという方でした。当時は、山田清照校長、戸塚福夫教頭、坂元雅春教務主任がいました。坂元先生が、囲碁のスーパースターでしたので、夕方になると校長室は囲碁会場になります。勤務中の役職は関係なく、坂元先生は「師匠」となり上座に座ります。山田校長も戸塚教頭も下座です。ときには、山田校長がお茶くみ当番になるときもありました。

そのような世界でも全員、秋山先生には別格の対応をするのです。それはそうです。お坊様に不遜な態度・失礼な態度をとったら罰当たりです。一歩間違えれば、地獄行きになってしまいます（笑）。

あるとき、このメンバーで神奈川の温泉に行きました。そのとき、秋山先生の案内で、大山のふもとにある同じ真言宗の日向《ひなた》薬師という寺に行きました。その日の夜の一杯の最中に「この会を日向会にしよう」と決定したのです。去年も新宿で、日向会を行いました。山田校長先生、戸塚教頭先生（戸塚先生も校長先生になられて校長会長もされたのですが、当時の役職で呼んでしまうのです）はともに、九十歳を超えました。秋山先生もまだまだお元気です。

昔から「三つ子の魂百まで」と言います。私は、二十四歳で教員になりましたので、二十四歳の魂になります。秋山先生との出会いが、私の人生を実り多いものにしてくださいました。感謝しても感謝しても尽きません。

私が、東京都の教育研究員（体育科）で研究発表をしたときも、日向会の皆さんは、はるばる江東区立第一亀戸小学校に来てくださいました。また、校長になり江東区立豊洲小学校で国語科の研究発表をしたときも来てくださいました。本当にありがたいことです。

私の二人の息子も、西光寺によく行きました。お寺の催事でのお手伝いもやらせていただきました。二人ともうどんが好きなので、これでもかと食べられる西光寺は天国だったのでしょう。

私が、教頭・校長になったとき、私的なことで悩んだ教師に、西光寺に行って秋山先生に相談するようにと話したこともあります。まさに、駆け込み寺です。

現在は、息子さんの俊洋（幼いときは一洋《かずひろ》）さんが住職を勤められています。私にとって、心安まる場所の一つが西光寺です。

秋山先生から頂いた言葉は、私の心に刻んであります。今を生きていること、生かされていることに感謝しながら歩んでいきます。

私の校長生活は、秋山先生のお考え・教えを、布教しているようなものでした。秋山先生は、教員生活を退職された後も、地域に尽くされていました。私も、これからの人生をだれかのために少しでも役に立つようにしていきます。

人のご縁のありがたさや大切さを、様々な角度から教えていただきました。驕ることなく、謙虚に生きる姿は、わが生涯のお手本です。昭和五十年四月からずっと続いたご縁は、わが子に繋がり、さらに孫たちにも繋がっていきます。先生は、いつまでも人生の師匠なのです。日本全国の教師の皆さんも、人生の師を見つけて下さい。人生が豊かになります。笑顔が確実に増えますよ。何もしないで、佇んでいれば良いのです。すると、教師になって良かった、だれかの役に立っている自分に気づくでしょう。

私の大好きな善さん　櫻井善

「この校長先生は、日本一」病室にとどろくほどの声で言ってくれた、あの善《よし》さんが亡くなったのでした。

私は、告別式に出席しました。すると、奥様のけい子さんと息子さんが私のところに来て、弔辞をお願いできないでしょうかと言ってきました。そのときの弔辞から書いてみます。

善さんへ

二つのお話を申し上げます。

まず一つ目です。私は、これまでたくさんの通夜・告別式に出席しています。地域の町会長や自治会長がお亡くなりになると、学校関係者の出席は校長とPTA会長の二人が一般的です。しかし、善さんの通夜・告別式は異例です。豊洲北小の職員がたくさん出席しています。これは、ひとえに善さんの人柄によるものです。

私は学校便りに「私の大好きな善さん」という題で書きました。内容は、豊洲の地でひたむきに生きた善さんの姿から、多くの人が学んで欲しかったからです。

善さんは、三十代のあたりからやや難聴になったそうです。そのような状況のなかで、仕事をして子育てをして生きてきました。苦労の上に、今の穏やかな笑顔があるような気がします。そして、退職した後に自治会の仕事をしました。一円のお金にもならない全くのボランティアです。

とかく、現代の世はお金ばかりに注目が集まります。大切なものを見失っているような気がします。善さんは、大切なものを日々教えてくれていました。自治会長、豊洲地区連合町会の副会長、学校評議員、豊洲地区の開発委員などをやりました。

祭壇の中ほどにある生花は、私が贈らせていただきました。「私の大好きな善さんの会会長」と書きました。本当に尊敬し、大好きだったからです。二〇一一年の三月十一日には、豊洲北小の児童謝恩会がありました。善さんが、お茶で「乾杯」と声を上げたときに、体育館が大揺れになったのです。東日本大震災でした。児童謝恩会は善さんの乾杯で中止となりました。

二つ目です。善さんの息子さんやお孫さんは幸せだということです。遺影には、桜の花が背景に映っています。

ＩＨＩ（石川島造船所）の敷地にあった桜の木を残したいという、善さんの熱意が伝わったのです。新聞の記事にもなりました。善さんは目を細めて、大喜びをしていました。善さんは亡くなりましたが、善さんのＤＮＡは確実に息子さんやお孫さんに伝わっていきます。本当にすごい人だったのです。本当に尊敬できる人だったのです。

だから、あなた方は誇りに思ってください。羨ましいとさえ思ってしまいます。善さんの愛した桜の花は来年また咲くでしょう。

でも、私たちの心には桜の花以上の花が咲くでしょう。私たちは、たくさんの種をいただきました。善さんに出会えたことに感謝しています。私もいつかあの世に旅立ちます。そのときは一緒に語り合いましょう。

善さんの笑顔が忘れられません。本当にありがとうございました。

私の大好きな善さんへ

◇◇◇◇◇

現在の状況を報告します。善さんが行っていた様々なボランティア活動は、奥様のけい子さんに引き継がれています。素晴らしいご夫婦です。

人のご縁のありがたさを痛感しています。善さんを見ていると、人生はつくづくよいものだと思います。

わが心のふるさと「マミー」　河合マツ・美恵子

江東区亀戸の、亀戸天神の裏側にあるカラオケスナック「マミー」を知っている人は少ないでしょう。

「マミー」とは、経営者の河合マツさんと義理の娘になる河合美恵子の二人の頭文字をとってつけられた店でした。客層は、毎晩の平均をとると七十五歳から八十歳の間におさまるでしょう。私は、江東区立第一亀戸小学校に七年勤務しました。一週間に二回は通っていました。安くて、楽しい店だったからです。

「マミー」の隣は「スワン」という理容店、ビルの一階部分を二つに分けて使っています。全国の理容店で「スワン」の名前を知らない人はいないくらい、有名な店です。このスワングループを作ったのが河合靖臣さん、マツさんの息子さん、すなわち美恵子さんのご主人。スワングループはこの亀戸が出発点。

スワングループからは、数々のトーナメントで優勝した人や、世界選手権のチャンピオンも生まれています。そのため、スワンは全国の各都道府県の理容業界の推薦を受けた人だけが、修行できる店です。夜の九時、十時になると、都内にあるスワングループの各支店から若者が急いで集まってきます。そして、一心不乱にカットやシャンプーの練習をするのです。私は店長に頼んで、その様子を若手教師にも見学させたものです。プロとしての厳しさを見せたかったのです。

「目つきが真剣そのものですね」

「先輩が後輩に教える姿が格好いいですね」

「自分が恥ずかしくなります」

あるとき、美恵子さんから「モデルになってくれる先生はいないかしら」と言われました。意味が分からない私は、頭の形がよい奴を探そうと思いました。なかなか見つかりませんでした。そのことを伝えると、笑いながら「モデル」とは練習台になる人だと分かりました。

未熟な人の練習台になって、最後は店長クラスが直して仕上げてくれるのです。私は、詳細は言わずに、適当におだてながら六人のモデルを集めました。本人たちは「床屋代が浮いて助かります」と大喜びでした。

モデルの散髪には約一時間はかかります。私は、その間「マミー」でおばあちゃんたちと飲んでいるのです。まあ、皆に感謝される斡旋業でした。兼業届けは、出していませんでしたが……(笑)。

だれかが結婚した。だれかが昇任した。だれかが海外日本人学校に派遣される。野球部で勝った。水泳部で打ち上げ。子どもが生まれた。理由は何でもよいのです。皆で安いお金で飲めればいいのです。「マミー」に集まって飲んでいた仲間は、今も結束が固いです。会の打ち上げには必ず山本コータローの「岬めぐり」を歌います。

私は、校長室の机に、マツさんと寿司屋の親父と一緒に写った写真を飾っていました。マツさんは「大沼先生は本当に品があること」と言って下さるからです。私の仲間は、みな首を傾げていましたが、分かる人には分かるのです。マツさんは、九十七歳で旅立ちました。人生を全うした旅立ちだったでしょう。マツさんは、苦しい戦後を乗り越え、子どもたちを育てたのです。

私はマツさんや美恵子さんから、愚痴を聞いたことがありません。私は、マツさんこそ「最も品がある人」だと思いました。三人の自慢の孫も、理容師になりました。マツさんはいつも嬉しそうに、孫の自慢をしていました。いまは、彼らがスワングループを支えています。

全国には多くの理容店があります。そこで働く人たちは技を競い合っているのです。若い教師たちに、努力する若者たちの姿から何かを学んで欲しかったのです。おそらく「人が一生懸命に生きること」の現場を見せたかったのでしょう。「マミー」から巣立った若い教員も、管理職を務めるようになってきました。「マミー」は出世コースの店なのです。

「マミー」は皆の心のふるさとなのです。マツさんと美恵子さんに感謝です。教師の皆さんも、それぞれの地域で「マミー」を見つけて下さい。心の安らぎ場所を発見して下さい。人生はよいものだと再確認して下さい。そして、元気に明日に向かって下さい。

あとがき

「先生、自由に書いてください」海鳴社の横井恵子氏からお手紙をいただきました。「はい、喜んで」と二つ返事で引き受けました。横井恵子氏は、私が江東区で二十六年ぶりに開校した、江東区立豊洲北小学校の保護者でもありました。うれしい連絡でした。

私は、四十一年間教育現場にいました。一九八一年から一九八四年までニューヨーク補習授業校の分校の校長や指導主事のような変則的な勤務をしていました。現地校にも何度も訪問しました。そのとき、つくづく日本の教師は、よくやっているなと思ったのです。そして、さらに日本の教師は素晴らしいと思ったのでした。

私は、東京都に属する伊豆大島の小さな村で生まれ育ちました。小学校から中学三年まで、ずっと一クラスでした。勉強より、一日中海に潜っていたい子どもでした。大学四年間は、渋谷にあるＮＨＫの食堂でコックのアルバイトをしていました。なぜ、コックを選んだかというと、食べ物があったからです。

大学を出た後、小学校の教員免許状取得のため、通信教育を受けました。その二年間も内装屋の職人として働きました。アコーデオンドア、ブラインド、絨毯、カーテンの取り付けなどの仕事をしました。

私の母は、私の東京都教員採用受験のときに村の八幡宮にて祈ってくれていたそうです。合格したときには、母親に少し恩返しできたかなと思いました。

初めて、教員になったときの喜びは、今も忘れてはいません。初任校が羽田空港の近くの大田区立羽田旭小学校でした。校庭の上を飛行機が飛び交う騒音の下の学校でした。そのようななかでも、放課後は子どもたちと一緒に遊んだり、ハゼ釣りをしたり楽しい日々でした。本当によい職業に就いたなと心から思いました。

当時の校長先生は、山田清照先生でした。教頭先生は戸塚福夫先生、生活指導主任は、坂元雅春先生でした。五年生二クラスの学年主任は秋山光洋先生でした。坂元先生は亡くなりましたが、他の先生とは、年に一回は会食しています。内二人は九十歳を超えてはいますが、皆さんお元気です。私の教師人生を形づけて下さいました。感謝してもしきれません。

四十一年間を振り返ってみると、多くの方々にお世話になったと思います。そこで、何か恩返しをしたいと思いまして、筆を執りました。日本全国の多くの教師は、日々労を惜しまずに職務に励んでいます。疲れ果てている教師もいることでしょう。うつ病一歩手前の教師もいることでしょう。わが子の育て方で悩んでいる教師もいるでしょう。新卒で夢と現実のはざまで苦しんでいる教師もいることでしょう。矢継ぎ早に施策を打ち出す、政治家に振り回されている管理職もいることでしょう。

「ゆとり教育」を受けた世代を「ゆとり世代」といって批判している評論家がいました。「英語教育も徹底したらいいと思います」と軽く言うコメンテーターもいました。「道徳の教科化」もいいです。通級学級の子どもの普通学級への入学もいいでしょう。様々な国籍の子どもの入学もいいでしょう。

しかし、現場は混乱するのです。準備不足のまま見切り発車するのです。試運転ゼロ、教材研究不足のまま慌てて走り始めるのです。すべての教育施策に、教師の本音はなかなか反映されていないものです。

昔から、何か行うときに必要なものは「人・物・金」と言います。教師が一番欲しいものは「時間」です

「時間」とは、教材研究する時間。
「時間」とは、事務処理をする時間。
「時間」とは、子どもの声に耳を傾ける時間。

「時間」とは、保護者の悩みを聞く時間。

「時間」とは、同僚と問題を共有する時間。

「時間」とは、管理職とフランクに話す時間。

ある若手の教師が「校長先生、教育の世界はブラック企業ですね」と言いました。土曜日は、疲れ果てて泥のように眠り、日曜日の午前中は事務処理、午後は授業の準備です。自分でも身体も心もダメージを受けているなと思いますと話してくれました。リフレッシュする気力すら湧いてきませんと言いました。これが、実態です。

ある女性教師はご主人に「家に仕事を持ち込むな」と怒鳴られ「テーブルの上で○つけするな」と言われたそうです。一時期、USBメモリーカードの紛失が服務事故として取り上げられました。裏を返せば、仕事を持ち帰らなければ終わらない現実があるのです。

私は、校長になったら「教材研究日」を月に一回程度設定したいと思いました。保護者にも知らせました。教師の評判は上々でした。

ある人が「学校から子どもと教師の歓声がなくなった」と言いました。土曜日の四時間授業がなくなり、その四時間が平日の授業に組み込まれてきました。制度は変わっても、中身を創造しなければ、負担が増幅して教師のほうに食い込んでいくのです。

私は、日本の宝は「教師」だと確信しています。私が小学校のときの七夕の短冊には、大きくなってなりたい職業に、「野球選手」と「先生」は必ずありました。しかし、現在の七夕に「学校の先生」を探すことは至難の業でしょう。子どもの目にも、教師は疲れていると見えるのです。輝く仕事、躍動する仕事には映らないのです。

あるインターネットの記事に「東日本大震災」のときに、日本人は整然と並び、民度の高さを証明したと書いてありました。初めて「民度」という言葉を聞きました。民度とは、住民や民族、出身者等の知的水準、モラルの高さ、文化水準の高さのことだそうです。私は、この「民度」の高さは教育から生まれたものだと確信したのです。給食を待つ姿勢、体育の時間や運動会などの集団行動、全員での掃除などの奉仕活動が、民度となって表れたのです。その「民度」を作ったのは、教師の指導が大きいのです。

全国の教師が、自分の仕事に誇りをもって勤務できることを望んでいます。大きな声で、自分の息子や娘に「教師はやりがいがあるぞ」と言えるような社会を構築すべきだと思います。

人は何をもって生きるのでしょうか。私は、生きがいだと思います。役に立つ喜びだと思います。私は、「あなたがいてくれて良かった」と言って欲しいからだと思います。

今後も、教育の世界は、振り子のように右に左に迷いながら歩んでいくことでしょう。

どのような時代になっても、教師が生き生きと働くことができれば国家の将来は明るくなります。人生はいいものです。人生は楽しいものです。教師の仕事はやりがいがあるものです。辛く悲しいことも苦しいこともすべてが学びなのです。今日も労を惜しまずに走り回っている多くの教師や保護者の方々にエールを送ります。

多くの先人から引き継いだバトンを後輩の教師たちに渡します。顔を上げ、夢を持ちながら堂々と歩むことを願っています。しなやかに笑顔をもって歩んで下さい。

最後になりましたが、本づくりのイロハを教えて下さった水野寛氏はじめ、海鳴社の皆様に深く感謝申し上げます。

そしてパソコンの操作などていねいに教えて下さった江東区立第二砂町小学校副校長、福留修一氏にお礼を申し上げます。

二〇一六年七月十日

大沼謙一

著者：大沼謙一（おおぬま　けんいち）

1950年伊豆大島に生まれる。立正大学卒業・玉川大学修了。
バイト歴：キャディー、左官屋、土建屋、コック、内装屋。
教員：大田区立羽田旭小学校、ニューヨーク補習授業校、江東区立第一亀戸小学校。
教頭：江東区立南陽小学校、明治小学校、第七砂町小学校。
校長：江東区立豊洲小学校、豊洲北小学校、数矢小学校、第二砂町小学校。
東京都教頭会・副会長、東京都校長職員表彰、江東区立小学校校長会長。
東京都教職員軟式野球大会・選手で2回、監督で1回優勝。
東京都教職員水泳大会に、ニューヨーク時代をのぞきすべて出場。
2016年3月31日退職。

いじめ・不登校ゼロ作戦

2016年 9月20日　第1刷発行

発行所：㈱ 海 鳴 社

http://www.kaimeisha.com/
〒101-0065　東京都千代田区西神田2－4－6
Eメール：kaimei@d8.dion.ne.jp
Tel.：03-3262-1967　Fax：03-3234-3643

発 行 人：辻　信　行
組　　版：海　鳴　社
印刷・製本：モリモト印刷

出版社コード：1097

ISBN 978-4-87525-327-3